Steigerwald

Aisch - Ebrach - Aurach

Ein Wanderführer für Biertrinker

von Dietrich Höllhuber
und Wolfgang Kaul

Verlag Hans Carl Nürnberg

Auf dem Umschlag: Bamberger Bierfest 1984, Ausschank des Mahrs-Bräu, Bamberg.
Sämtliche Aufnahmen und Kartenskizzen von Dietrich Höllhuber, Erlangen.

CIP-Kurztitelaufnahme der Deutschen Bibliothek

Höllhuber, Dietrich:
Steigerwald, Aisch - Ebrach - Aurach: e. Wanderführer
für Biertrinker / von Dietrich Höllhuber
u. Wolfgang Kaul. — Nürnberg: Carl, 1984
NE: Kaul, Wolfgang:

Inhalt

Einleitung

Ohne Brotzeit und ein Seidel Bier nach zwei, drei schweißtreibenden Stunden ist die schönste Wanderung doch nur eine halbe Sache. Wandern und Brotzeiten, ein Helles oder Dunkles, Vollbier oder Lagerbier, im Steinkrug oder Glaskrug, das gehört doch einfach zusammen. Im Steigerwald, an Aisch, Ebrach und Aurach können Sie Ihren Durst noch in Wirtshäusern kleiner und mittelständischer Privatbrauereien löschen, zwischen Ochsenfurt und Bamberg, zwischen Eltmann und Bad Windsheim gibt es noch mehr als hundert dieser Brauereien. Das ist ein Schatz, der sich nicht so schnell heben läßt. Wer diesen Privatbrauereien erst einmal auf den Geschmack gekommen ist, der wird süchtig. An einem heißen Sommersonntag muß er dann einfach bei einem Lagerbier auf dem Keller einer kleinen Brauerei sitzen, den ersten, nach anregender Wanderung wohlverdienten Schluck genießend. Unser Buch will Anregungen geben für besonders schöne Kombinationen aus Wandern, Brotzeiten, Rasten, Biertrinken. Und diesen letztgenannten Punkt wollen wir betonen: das Bier muß stimmen, kein Allerweltsbier, keine 08/15-Bräus, kein Bier, das überall zu kaufen ist und überall gleich uninteressant schmeckt. Kommen Sie mit auf unsere Wanderungen zu den guten Bieren Steigerwaldfrankens!

Die Brauereien der Region sind recht klein, ihr Ausstoß liegt zwischen 800 und etwa 10 000 hl Bier im Jahr (die größeren haben wir nicht berücksichtigt). Im Durchschnitt bleiben sie unter der 5 000 hl-Grenze. Die kleineren sind meist noch traditionelle Familienbetriebe, die Brauerei ist mit einer Gastwirtschaft, in vielen Fällen der Landwirtschaft gekoppelt. Noch bis in die Zwischenkriegszeit wurde der Hopfen im Aischgrund selbst angebaut, und noch heute wird Braugerste produziert. Die Landwirtschaft ist meist mit etwas Viehzucht gekoppelt, die Schweine, die gehalten werden, schlachtet und verarbeitet man auch selbst. Besonders Würste und Schinken aus Hausschlachtung und selbstgeräuchert sind keine Seltenheit. Tausende Fischteiche liefern die Aischgründer Karpfen, die im Winter in die Gastwirtschaften locken, wo sie mit Baiersdorfer oder Lonnerstädter Kren verzehrt werden. An den Hängen stehen Zwetschgen- und Kirsch-, Apfel- und Birnbäume, die Früchte dieser Bäume finden sich in flüssiger Form in den Wirtschaften, denn viele unserer kleinen Brauer haben auch eine Brennerei angeschlossen.

Die Familienbetriebe mit Brauerei, Gastwirtschaft, Brennerei, Landwirtschaft, Hausschlachtung und Fischteichen, die äußerst arbeitsintensiv sind, befinden sich im Rückgang. Es gibt wesentlich angenehmere Alternativen:

man kann das Bier einer Großbrauerei übernehmen, die Brauerei zusperren, oder den Brauereibetrieb auszuweiten versuchen, Zapfenwirte und Haus-zu-Haus-Abnehmer anzuwerben versuchen, man kann die Landwirtschaft ausdehnen und Gastwirtschaft und Brauerei zusperren. Was jahrhundertelang vom Vater auf den Sohn oder auch einmal auf die Tochter vererbt wurde, wird heute verschleudert, weil niemand mehr die Arbeit leisten will, die dazu

Auf den Sommerkellern trinkt man ein ungespundetes Kellerbier. Die Bierdeckel der Abbildung entsprechen ihrer ursprünglichen Funktion (Hallerndorfer Kreuzberg)

nötig ist, einen Mischbetrieb dieses Typs zu führen. Um so erfreulicher ist es, daß es doch noch einige dieser Betriebe gibt, daß sie Nachfolger in der jungen Generation gefunden haben, die die Ärmel aufkrempeln und weitermachen. Das Bier unserer Brauereien ist manchmal noch jahreszeitlich verschieden. Noch zu Anfang unseres Jahrhunderts wurde überall ein gespundetes Winterbier, ein Vollbier gebraut und ein ungespundetes Sommerbier, das Lagerbier, das dann auf den Kellern, die jeder Betrieb besitzt, während des Sommers zum Ausschank kam. Es gibt noch einige Brauereien, die diesem alten Rhythmus gehorchen, aber die meisten haben sich heute auf ganzjährig gleichbleibende Produktion umgestellt. Die Unterscheidung zwischen Vollbier und Lagerbier ist übrigens nur in Franken üblich, denn selbstverständlich ist auch das Lagerbier ein Vollbier, hat also zwischen 11 und 14 % Stammwürzgehalt.

In den letzten beiden Jahrzehnten ist das Pils auf seinem globalen Siegeszug auch nach Steigerwaldfranken vorgedrungen. Nicht überall eignet sich das Wasser für diesen Biertyp, doch gibt es einige Brauereien, besonders im nördlichen Steigerwald, die heute ein ausgezeichnetes Pils brauen.

Manche Brauerei-Gaststätten schenken ihr Bier noch aus den alten Holzfässern aus, so etwa in einer der kleinsten unserer Brauereien, in Weisbrunn bei Eltmann. Diese Sitte ist jedoch leider rapide im Abnehmen.

Die Großbrauereien haben in den beiden letzten Jahrzehnten durch Preiskämpfe und Aufkäufe manche ohnehin schon wacklige Brauerei zum Erliegen gebracht. Dieser Trend scheint mittlerweile fast zum Stillstand gekommen zu sein. Die kleinen Brauer rappeln sich wieder auf, und wenn unser Buch ein klein wenig zum Fortbestand dieser Handwerksbetriebe beitragen könnte, wären wir sehr froh darüber.

Zur Brotzeit gibt's kaltes Fleisch und verschiedene Würste, dunkles Landbrot und ein Bier, möglichst vom Faß

Aber eine neue Gefahr droht, und zwar die Konkurrenz ausländischer Billigbiere auf dem deutschen Markt. Bisher hat die Bundesrepublik Deutschland unter Hinweis auf das Reinheitsgebot von 1516, das im Bier keine anderen Bestandteile duldet als Wasser, Malz und Hopfen (und Hefe, die wieder herausgefiltert wird), den Import der meisten ausländischen Biere verhindert. Die Franzosen, Belgier, Briten oder Italiener sind nicht so pingelig wie die Deutschen. Sie nehmen bis zu 30 % und mehr Mais oder Reis für die Gewinnung der Bierwürze, ersetzen damit die teure Braugerste und umgehen für diesen Anteil den gesamten Mälzungsprozeß. Für den Abbau von Stärke und Eiweiß werden dann vielfach im Sudhaus Enzyme zugegeben. So ist es nicht verwunderlich, daß der Bierherstellungsprozeß häufig schneller und billiger ist als bei uns. Wenn, wie zu befürchten ist, die EG-Bestimmungen zum Tragen kommen werden, daß nämlich die deutschen Normen vor den EG-Normen zu weichen haben, wenn also ausländische Billigbiere ungehemmt nach Deutschland importiert werden können, dann werden nicht nur die Großbrauereien Probleme bekommen sondern auch und vor allem die kleinen Brauer.

Aber noch ist es nicht so weit, derzeit wird noch verhandelt. Es wird weiterhin gutes Privatbrauerbier produziert und zu niedrigen Preisen verkauft. Die großen Städte am östlichen Rande unserer Region, Bamberg, Forchheim, Erlangen, haben alle eigene Bierbautradition. Erlangen war einmal die große Brauerstadt, bis zu zwanzig Brauereien brauten gleichzeitig. Heute noch hat Bamberg zehn Brauereien und ist damit in Deutschland die Stadt mit den meisten Brauereien. Zu den großen Volksfesten, zur Sandkirchweih in Bamberg Mitte September, zum Annafest in Forchheim im Juli, zur Bergkirchweih in Erlangen zu Pfingsten, werden allerdings heute bereits große Anteile von Großbrauereibieren konsumiert, versteckt hinter den Titeln alter bodenständiger Brauereien, die von den Großbrauereien gleich mitgekauft worden waren (so die Erlanger Reifbräu bei der Erlanger Bergkirchweih).

Wer sich für die Brauerei- und Biertradition dieser Region, Frankens und Süddeutschlands stärker interessiert, kann sich in den Brauereimuseen von Bayreuth, Kulmbach, Regensburg, in den noch fertigzustellenden Museen in Bamberg und Nürnberg und im Deutschen Brauereimuseum in München informieren. Besonders interessant wird das Bamberger Museum werden, es ist das einzige Museum innerhalb unserer Region.

Einige unserer Touren führen durch Weinland, Iphofen wird berührt, Castell, die Zentralkellerei der fränkischen Winzergenossenschaften in Repperndorf ist nicht weit von unserem Kitzinger Rundweg entfernt. Der immer wieder beschworene Gegensatz zwischen dem Weinland und dem Bierland existiert wohl nur in den Hirnen der Fremdenverkehrswerber, die glauben, Weinland lasse sich besser verkaufen als Bierland. Aber mit Ausnahme einiger weniger reiner Winzerdörfer wie Frickenhausen gegenüber Ochsenfurt am Main ist unser gesamtes Gebiet Bierregion, auch das Weinland am Main und an den Westhängen des Steigerwaldes. Auch in den Weindörfern wird

Bier getrunken, haben Bierbrauereien überlebt, wie in Mainbernheim oder Gerolzhofen, ist der Steigerwald Bierfranken und nicht Weinfranken. Auch der kulinarische Gegensatz, die Fiktion von deftig-rustikalem Bierland und verfeinertem Weinland, ist nicht zu spüren.

Aber gehen wir den Küchengeheimnissen unserer Gastwirtschaften ein wenig nach. Was dem ahnungslosen hungrigen Gast bisweilen zugemutet wird, ist nicht gerade einladend. Wir sehen nicht ein, warum Saucen zu Schweinebraten oder Sauerbraten nach Mehl schmecken müssen, warum aufgewärmtes, an den Rändern angetrocknetes Fleisch serviert wird, warum Salate im Sommer aus der Dose stammen müssen, warum häufig Kunstsaucen verwendet werden. Nur in ganz wenigen Wirtschaften hat man die Gelegenheit, die Tradition fränkischer Küche unverfälscht zu genießen. Dort schmeckt die Sauce nach ihren natürlichen Bestandteilen, ist nicht künstlich gewürzt (mit Einheitswürze), gestreckt (mit Wasser) oder gebunden (mit Mehl und Dosenmilch). Dort wird Gebackenes in der Pfanne und nicht in der Friteuse bereitet. Dort sind die Klöß' von der Wirtin und nicht vom Großhandel. Dort sind die Salate vom Feld und nicht aus der Dose, dort gibt es im Juni nicht Dosensellerie und Dosenkarottenscheibchen, sondern grünen Salat, Rettich, frische Kräuter. Dort wird kein »Schnitzel nach Gutsherrenart« angeboten und kein »Steak Hawaii« sondern ein Jägerbraten mit frischen, nicht Konservenchampignons, ein Hirschkalbsbraten mit seiner eigenen Sauce, die mit wenig saurem Rahm gebunden wurde, kein »Kalbslendchentopf mit feinen Gemüsen«, dessen Kalbslendchen tiefgekühlt unter den Mikrowellenherd gelegt und dessen feine Gemüse aus der Dose geholt wurden.

Zwischen Einheitssaucen, abgepacktem Fleisch aus Großbetrieben und liebloser Zubereitung finden sich auch mal Lichtblicke. Wir haben sie erwähnt, aber sie sind nicht gerade häufig. Um den oft nicht einladenden warmen Gerichten zu entgehen, haben wir uns immer wieder auf die Brotzeiten verlegt, die zumeist sehr gut sind. Ob weißer oder roter Pressack, Sülze oder Schinken, ob eingeschnittene Wurst oder Hausmacherbratwürste, hier wird meist wenig am guten traditionellen Rezept herumgemogelt. Schmecken manchmal die Würste zu stark gewürzt oder der Preßack zu mehlig, dann läßt sich das noch akzeptieren, obwohl es auch hier nicht zumutbare Beispiele gibt (wir haben die Gaststätten dann eben nicht angeführt).

Nicht nur mit der Küche konnten wir in der so intensiv werbenden Region „Naturpark Steigerwald" und im umliegenden Gebiet oftmals wenig anfangen. Leider mußten wir auch immer wieder feststellen, daß die Anstrengungen der Wirte, ihren Gästen den Aufenthalt im Lokal angenehm zu machen, nicht sehr weit gehen oder gar nicht vorhanden sind. Wir haben viele freundliche und liebenswürdige Wirte kennengelernt, aber auch viele sehr muffige,

Die kupfernen Sudpfannen sind stolzes Aushängeschild des Brauerhandwerks (Mönchsambach)

Manche Brauer haben einen schattigen Gastgarten, in dem das Bier an einem heißen Tag noch mal so gut schmeckt (Bamberg)

Steigerwaldlandschaft — Laubwälder (Elsendorf)

kurz angebundene, abweisende oder gar unverschämte Wirte. Solches gegenüber dem Gast geübte Verhalten der Wirte verträgt sich so gar nicht mit den Werbesprüchen für den Steigerwald. Aus zwei Wirtschaften wurden wir hinausgeworfen, weil wir einen Hund in die Stube hineinnehmen wollten, in eine Bamberger Brauerei konnten wir nicht einmal bis zur Speisekarte im Hof vordringen, weil wir schon vorher vom Wirt mit rüden Worten hinausgeworfen worden waren (wir haben sie hier verständlicherweise nicht vorgestellt). Anderswo wurden wir angeschnauzt, mißtrauisch gefragt, schlecht und uninteressiert bedient. Das Verhalten der Wirte ihren Gästen gegenüber war im Durchschnitt muffiger, weniger entgegenkommend als in den vielen vergleichbaren Privatbrauereien der Fränkischen Schweiz. Vielleicht sollten die Wirte unserer Region einmal überprüfen, wie sie ihr Verhältnis zu ihren Gästen sehen?

Ebenfalls nicht gerade Gutes können wir über die Innenausstattung der meisten Wirtschaften berichten. Was hier an zerstörender »Renovierung« in den Fünfzigern, Sechzigern und sogar noch in den Siebzigerjahren geleistet wurde, ist schlimm. Was seit Mitte der Sechzigerjahre an falsch verstandener Re-Rustikalisierung verbrochen wurde, ist fast noch schlimmer.

Die wenigen geschmackvollen Gaststuben sollten unangetastet in's nächste Jahrzehnt und vielleicht sogar in's nächste Jahrtausend hinübergerettet werden. Nur, wie sagt man's den Wirten? Das Land Salzburg hat seit 1983 eine Aktion gestartet, die sich »Historische Gaststätte Salzburgs« nennt und die jene Gastwirtschaften auszeichnet und speziell fördert, die bestimmten Kriterien entsprechen, wie Alter des Gastbetriebs, Qualität und Ursprünglichkeit der Einrichtung, Verzicht auf falsche Internationalität (also zum Beispiel das »Schnitzel Hawaii«), insbesondere auch Verzicht auf falsche Rustikalität aus Plastik. Wäre das nicht eine Überlegung für die rührigen Fremdenverkehrsmacher unserer Region wert?

Es bleibt nachzutragen, daß wir es auch nicht gut finden, wenn sich Gaststätten, die schon lange die Brauerei aufgegeben haben, heute noch mit der Bezeichnung »Brauerei« schmücken und damit Werbung machen. Offensichtlich ist die Bezeichnung »Brauerei« also werbewirksam. Wir finden, daß man sie nur tatsächlich brauenden Gaststätten vorbehalten sollte.

Trotz der doch recht zwiespältigen Erfahrungen mit Küche, Wirten und Gasthauseinrichtungen haben uns Bier und Brotzeit in der abwechslungsreichen Landschaft von Steigerwald und Vorlanden im Westen und Osten immer wieder erfreut oder gar begeistert. Ob man in den ausgedehnten Wäldern des zentralen Steigerwalds wandert oder im Weingebiet am Schwanberg und Altenberg, ob man durch die Teichlandschaft des Aischgrundes schlendert oder die kargen Hochflächen zwischen Ebrach, Aurach und anderen Flüssen

14

der östlichen Steigerwaldabdachung durchstreift, überall schafft der Zusammenklang von Landschaft, historischen Bauten in Dörfern und Städten und die kulturelle Tradition fränkischen Kleinbrauereiwesens, die man in der Gaststube oder auf dem Sommerkeller bei Bier und Brotzeit genießen kann, unvergeßliche Erlebnisse. Allerdings sind auch die Wanderungen leider nicht ganz ohne kritische Erfahrungen geblieben.

Wer den Steigerwald durchwandert, hat zwar in den meisten Fällen ein gutes Netz von Markierungen zur Verfügung, was uns auch bewogen hat, wo Markierungen eindeutig zu erkennen und zu finden sind, auf eine detaillierte Beschreibung der Wegstrecke zu verzichten und nur anzugeben, welche Markierung wie lange wohin führt. Aber in machen Fällen fehlen Markierungen, führen sie in die Irre, sind sie verfallen. Und viel schlimmer: in manchen Bereichen führen die Markierungen über asphaltierte Straßen, passieren Müllkippen und Kläranlagen, queren neue Straßen, die sie auf weite Strecken zerstören, sind ganze Waldregionen von Bulldozern und Waldfahrzeugen zerfurcht, so daß man an etwas feuchten Tagen gar nicht wandern kann. Und weiter: überall wird asphaltiert, begradigt, werden Wanderwege zu Fahrwegen, werden Wiesen und Weiden zu flurbereinigten Kulturwüsten. Es sind nicht die Spaziergänger und Wanderer, die im Steigerwald die Markierungen entfernen oder zerstören, sondern meist die Flurbereinigungsämter, die Forstämter, die Straßenbauämter und die Wasserwirtschaftsämter. Das sind die wahren Landschaftszerstörer, die in einem Tag mehr einigermaßen intakte Steigerwaldlandschaft umkrempeln und zerstören als irgendwelche achtlosen Spaziergänger in zehn Jahren. Die Fremdenverkehrsvereine, der Steigerwaldverein und -klub, die Gemeindeverkehrsämter haben gegen diese Behörden keine Chance. Im Namen des Fortschritts wird weiterhin zerstört, was den Planierraupen in die Quere kommt. Das Wandergebiet wird immer kleiner. Der saure Regen trägt hier sein Scherflein bei — lesen Sie unsere Route 8! Wenn Sie Zerstörungen bemerken, dann wenden Sie sich an den Steigerwaldklub e.V. Ebrach, Postfach 28, 8692 Ebrach, vielleicht kann massierter Protest doch noch etwas retten!

Aber was schert uns das an einem heißen Sommernachmittag auf dem Hallerndorfer Kreuzberg, wenn wir uns gerade eine frische Maß vom Keller geholt haben? Oder beim Karpfenessen an einem eiskalten Wintertag, in der Vorfreude auf weitere zwei, drei Wanderstunden durch die Aischgründer Teichlandschaft? Wer denkt daran, wenn er in der altmodischen Stube des Schwanen in Burgebrach bei Bier und mitgebrachter Brotzeit sitzt, durch's bierreiche Bamberg schlendert, auf der Kuppe des Schwanberges über Iphofen wohlverdiente Rast macht? Noch ist es erholsam im Steigerwald, noch läßt sich's hier leben. Freundliche Wirte, gemütliche Gaststuben, das erfri-

Steigerwaldlandschaft: Bauernland (Burgebrach)

Steigerwaldlandschaft: Schlösser und Burgen (Lisberg)

16

Der Aischgrund versorgt die Gaststätten des Steigerwalds mit frischen Karpfen (Greuth)

schende und wohlschmeckende Bier, die kleinen Waldwege, die Fachwerk-giebel, wir finden sie noch zwischen Main, Regnitz und Aisch. Den Familien-betrieben, wo Vater und Sohn nebeneinander an der Schank bedienen, den Brauern mit Brennerei und Hausschlachtung, jenen Kleinbrauereien, die eine alte fränkische Tradition mit Leben erfüllen, ihnen gilt unser Buch. Die Viel-falt fränkischer kultureller Traditionen wäre um ein wesentliches Element verringert, würde die fränkische Brautradition durch innere und äußere Schwierigkeiten zum Erliegen kommen. Wir hoffen, daß sich im letzten Mo-ment Mittel und Wege, vor allem aber die dringend benötigten Gelder finden werden, um jenen Brauern ein Überleben zu ermöglichen, die ihren Betrieb im althergebrachten Stil in die nächste Generation hinüberretten wollen.

Erlangen und Röttenbach, im Juni 1984

Übersichtskarte

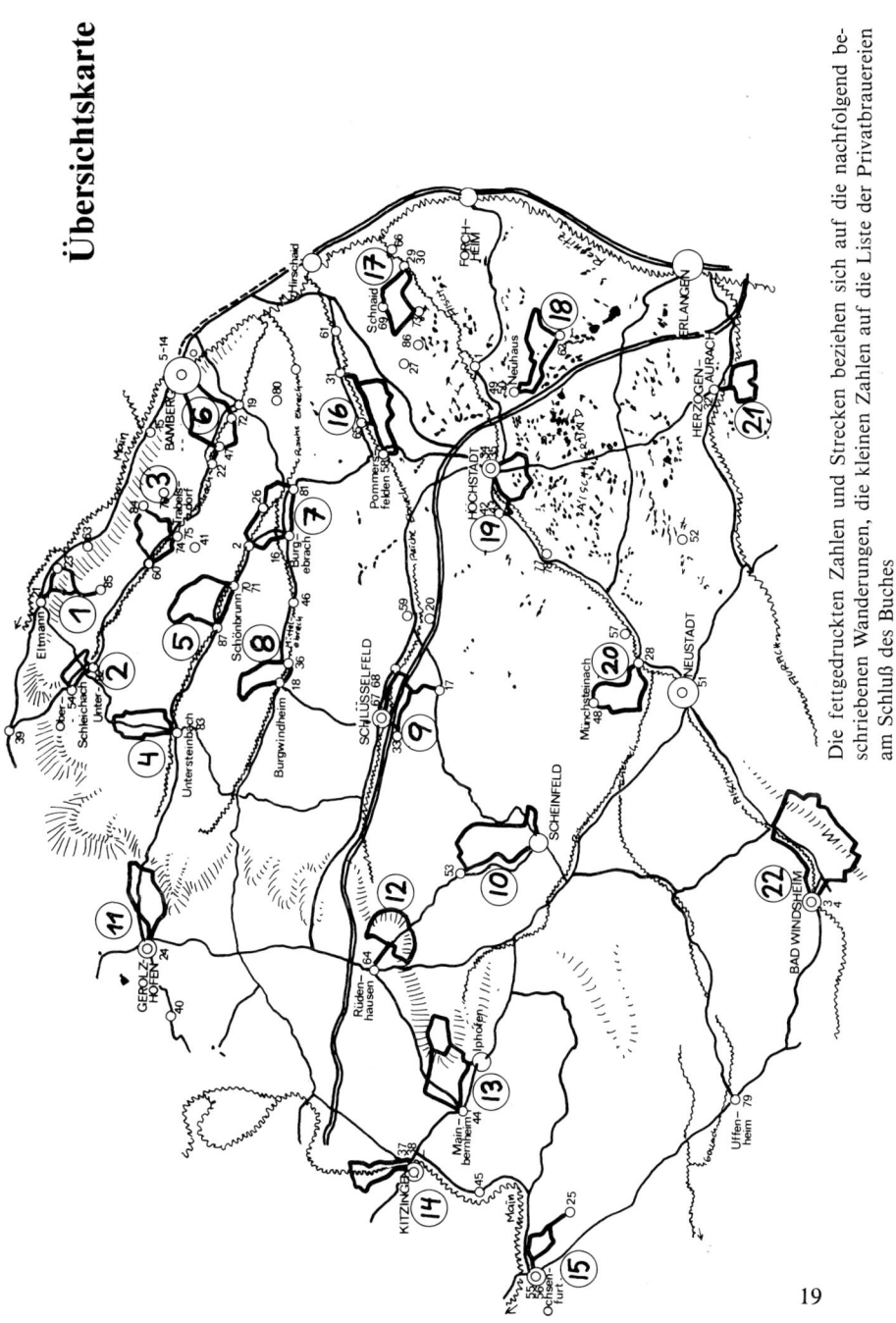

Die fettgedruckten Zahlen und Strecken beziehen sich auf die nachfolgend beschriebenen Wanderungen, die kleinen Zahlen auf die Liste der Privatbrauereien am Schluß des Buches

19

Legende zu den Kartenskizzen

Gasthof mit Privatbrauerei

Gasthof

Detaillierte Beschreibung

Stichwortbeschreibung

Ortschaft

Einzeln stehendes Haus

Kirche

Kapelle

Burg, Schloß, Ruine

Kreuz, Bildstock

Denkmal

Sommerkeller

Steinbruch

Einzeln stehender Baum

Wein

Quelle

Fließgewässer

Fließrichtung

Straßenrichtung

Böschung

Teich, See

beschriebene Wegstrecke

Straße

Fahrweg

Weg

Kartenskizzen im Maßstab 1:75 000 (4 cm = 3 km), Nr. 22 (S. 121)
1:100 000 (1 cm = 1 km)

20

1 Von Eltmann durch den Zeller Forst

Brauerei-Gasthof Baptist Bräutigam, Weisbrunn

Die Buchenwälder des Zeller Forstes sind ein wunderbares Wandergebiet. Gute Wege, schattige Forststraßen durchziehen den Wald in allen Richtungen. Als Ausgangspunkt unserer Tour lockt Eltmann, ein uraltes Mainstädtchen mit vielen reizvollen und zum Teil gut erhaltenen Fachwerkbauten. Die klassizistische Kirche mit gotischen Teilen wird gerade renoviert. Zwischen der Kirche und der Brauerei Lamm beginnt unser Wanderweg bei alten Grabsteinen, dem eindrucksvollen Ölberg und einem barocken Kruzifix an der Kirchwand. Die Kellergasse führt zur Wallburg, dem Rest einer hochstiftwürzburgischen Feste. Der Turm steht noch, als Aussichtswarte lädt er zur weiten Sicht über das Maintal ein. Die Burg hat ein typisches Schicksal hinter sich: während der Bauernkriege zerstört, unter Julius Echter wieder aufgebaut, unter den Schweden beschädigt, Ende des 18. Jahrhunderts bis auf den Turm abgerissen...

Die Wanderroute

Vom Lammbräu links ins Seitengäßchen an der Kirche vorbei, dann wieder links in die Kleinhenzstraße, in gerader Richtung ein schmales Gäßchen weiter zur Schottenstraße, der wir nach rechts folgen. Die querende Weidengasse nach links und gleich wieder rechts zur alten Kellerstraße von Eltmann. Schild »Wallburg«. Sie können nun entweder die Kellerstraße hinaufgehen oder eine direkte Treppe nehmen, die rechts abzweigt und ohne Umwege zur Wallburg führt. Die Kellergasse führt immer leicht ansteigend den Hang hinauf, zuletzt im Wald. Auf der Hochfläche angelangt, erwartet Sie ein Kreuz: rechts sehen Sie schon den Aussichtsturm der Wallburg. Der Weg führt vom Kreuz auf Asphaltsträßchen an der Hangkante entlang bis zu einer Kreuzung. Dort nicht dem Schild »Gaststätte zur Wurzhütt'n« folgen, sondern dem halblinks ansteigenden wenig einladenden Weg, der aber die Markierung den Main-Donau-Weges trägt. Nun auf diesem gut markierten Weg durch den Zeller Forst. Wo er aus dem Wald heraustritt, liegt Weisbrunn vor Ihnen. Sie durchqueren ein Neubaugebiet und stehen in einer Viertelstunde am alten Dorfplatz bei der Brauerei Bräutigam.

Auf dem Rückweg nehmen Sie zunächst die Route des Hinweges. Wo nach dem längeren Abstieg im Wald der Weg eine geschotterte Forststraße kreuzt, verlassen Sie den Main-Donau-Weg und folgen der Forststraße nach rechts. Diese Straße führt entlang kleiner Wasserläufe, einmal sogar an einigen Teichen vorüber bis hinunter zum Main bei Eschenbach. Hier finden Sie die Brauerei Eschenbacher Wagnerbräu. Nicht ganz hundert Meter weiter in Richtung Eltmann führt der »Wallburgweg« bei einem Bildstock hangaufwärts. In halber Höhe des Hanges über Eschenbach wendet er sich nach rechts und führt dann immer auf dem Rücken eines Hügels parallel zum Main bis zur Wallburg, wo Sie die Stiege hinunter nach Eltmann benützen.

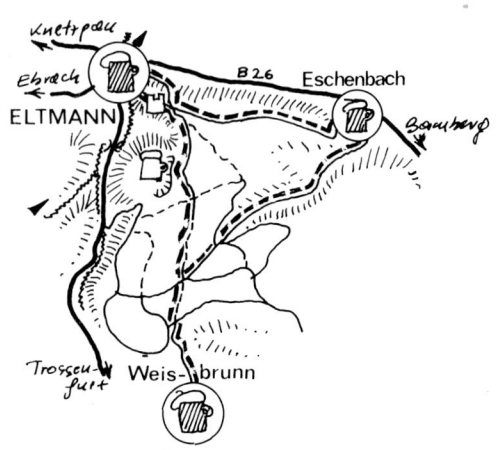

Dauer der Wanderung: 3 bis 3 ½ Stunden. Wanderkarte: Top. Karte 1 : 50000, Blatt L 6130 Bamberg oder Top. Karte 1 : 50000, Naturpark Steigerwald, Blatt Nord.

Die Gaststätten mit Privatbrauerei

Unsere Route bringt Beispiele für vier recht verschiedene Typen von Brauereien. Da ist zum ersten das Drei-Kronen-Bräu, hinter der Kirche in Eltmann. Wer näher hinsieht, stellt enttäuscht fest, daß hier zwar fränkisches Bier ausgeschenkt wird, aber das einer Großbrauerei. Noch heute besitzt das Drei-Kronen-Bräu seinen schönen alten Keller in der Kellergasse, aber schon lange wird er nicht mehr benötigt. In der Kellergasse sind nur noch einige wenige Hausbrauer an ihren Kellern interessiert, der Rest verfällt. Das also ist der erste Typus, der Brauereibetrieb wurde eingestellt und bezieht nun ein Großbrauereibier.

Das zweite Beispiel bietet das Lamm-Bräu, einen Steinwurf vom Drei-Kronen-Bräu entfernt. Das Lamm hat mehrere Biere zur Auswahl, man füllt in Flaschen ab, es gibt Kästen zum Mitnehmen, zu Festtagen und zur Kirchweih gibt es stärkere Biere. Die Kundschaft kommt wegen des Bieres, aber auch wegen der guten Küche. Hier hat man die Einkommenseinbußen oder relativen Einkommensverluste der Fünfziger und Sechziger durch Ausweitung des Angebots ausgeglichen, ohne deshalb an Qualität und Typus des Althergebrachten zu rütteln, es gibt also weiterhin ein Lager vom Faß, eine anständige Brotzeit. Nur gibt es jetzt eben auch Pils und Märzen, ein »Altfränkisch Dunkel«, eigene Limonade und kleine warme Speisen wie Ripple. Dieser Typus hat Angebotsvergrößerung betrieben, aber auch zwangsmäßig den eigenen Arbeitsaufwand erhöht. Möglich ist dieser Typus nur in Marktgemeinden oder größeren Orten, in Dörfern wäre die Nachfrage zu klein. Mit Landwirtschaft ist er somit nicht verbunden.

Dem dritten Beispiel begegnen wir in Eschenbach, wo uns das Wagner-Bräu zwar nicht so eindrucksvoll wie im nahen Roßstadt, aber doch ganz deutlich vorführt, daß man auch ganz und gar auf die Brauerei setzen kann. Die weitläufigen Brauereianlagen zeigen, daß man hier ausgeweitet und nochmals ausgeweitet hat. Es gibt ein Bräustüberl, aber eben keinen Brauereigasthof. Diese Variante ist nur möglich, wenn ein entsprechender Stamm von Zapfenwirten bereits vor der Ausweitung des Betriebes existierte. Aus dem Stand kann keiner der fränkischen Privatbrauer eine Ausweitung dieses Maßes in Angriff nehmen. Aber es gibt einige, die sind sprungbereit: noch haben sie nur zwei Lastkraftwagen fahren, nächstes Jahr sind es vielleicht schon drei...

Der vierte Typus dürfte wohl immer seltener werden und ihm ist doch eigentlich unser Buch gewidmet. Wir finden ihn in der Brauerei Bräutigam in Weisbrunn, in einem Familienbetrieb, wo ein ausgezeichnetes, ganz individuelles Lagerbier vom Holzfaß ausgeschenkt wird, wo man renoviert, aber nicht alles Alte beim Fenster rausgeschmissen hat, wo Landwirtschaft, Gastwirtschaft und Brauerei eine Einheit ergeben, so sich die Dorfgemeinschaft am Feierabend und am Sonntag trifft, um zu essen, zu trinken, zu karteln, zu streiten, die Sommerluft an den Tischen unter der Linde zu genießen. Man bekommt heute warmes Essen am Sonntag, das bringt mehr Arbeit, aber eben auch mehr Einnahmen, aber sonst ist die Wirtschaft geblieben, wie sie im Prinzip vor dreißig oder vor fünfzig Jahren auch schon war. Vater und Sohn bedienen nebeneinander. Wir wollen das Rad der Entwicklung nicht zurückdrehen. Wir wollen ja nicht, daß mit fränkischen Bier- und Essenstraditionen auch überlebte Traditionen erhalten werden. Aber wir finden, daß rein ökonomische und arbeitszeitbezogene Argumente bei der Frage, ob ein wichtiges Kulturgut erhalten werden sollte oder nicht, und unsere fränkische Brauereikultur ist ein wichtiges Kulturgut, nicht die erste Rolle spielen sollten. Es gibt noch so viele Brauer, die weitermachen wollen, auch und gerade so viele junge Brauer, die in fränkischer Tradition aufgewachsen sind und sie vertreten. Man sollte ihnen das Weiterführen ihrer Betriebe nicht schwerer machen als unbedingt notwendig, ihnen vielmehr alle Hilfen, auch finanzielle geben, um ihren Betrieb auf den besten Stand zu bringen, ohne sich verschulden zu müssen, ohne sie in die Gefahr zu bringen, dann letztlich doch XY-Bräu ausschenken zu müssen. Die Brauer sind stolz auf ihre Kenntnisse, auf ihr Bier, und immer mehr Franken haben den Unterschied zwischen den Gebräus der Großen, denen sie täglich begegnen (meist mit besonders subtilkulturbetonter Werbung) und den Kleinbrauerbieren wieder schmecken gelernt. Nun heißt's aber auch, die Kleinen zu unterstützen!

Die Wallburg über Eltmann ist letzter Rest einer würzburgischen Veste

Brauerei-Gasthof Lamm-Bräu, Eltmann
Direkt am Kirchenplatz gelegen. Gemütliche Gaststube mit hoher Holztäfelung, leider neuer Holzdecke mit verdeckten Tragbalken. Gartenbetrieb! Die Brauerei besteht seit 1708, wie Wappen und Jahreszahl einer (modernen) Wandmalerei am Vorplatz verkünden. Die Lage des Hauses läßt darauf schließen, daß es sich hier einmal um eine Posthalterei gehandelt haben könnte.
Neben den kalten Brotzeiten gibt es auch kleine warme Speisen, selbst tagsüber an Werktagen. An Bier werden Lager vom Faß, Pils, Märzen, »Altfränkisch Dunkel« angeboten. Das Lager entspricht gutem Kleinbrauereidurch-

schnitt, besonders interessiert natürlich das »Altfränkisch Dunkel«: es ist ein Lagerbier, fast ohne Kohlensäure, die dunkle Farbe wohl durch Zugabe von Farbmalz erzeugt, alles in allem keine schlechte Sache. Das Pils bekommen Sie auch vom Faß. Die Brauerei erzeugt auch Limonaden. Kein Ruhetag.

Brauerei-Gasthof Bräutigam, Weisbrunn
Es ist nicht ganz so stark und vollmundig, dieses Kellerbier, wie es anderswo ausgeschenkt wird (zum Beispiel in den Brauereien um den Hallerndorfer Kreuzberg). Aber dieses hell-goldbraune Bier hat eine Frische, eine Leichtigkeit, das schmeckt beim letzten Zug wie beim ersten. Im Glas- oder Steinkrug ausgeschenkt, direkt vom Holzfaß in der Schank, erfüllt es buchstäblich alle Wünsche nach einem durstlöschenden, wohlschmeckenden, unverwechselbaren Sommerbier!

Kartenrunde im Dorfwirtshaus (Weisbrunn)

In der kleinen, gemütlichen Stube mit ihrer niedrigen Holzdecke (leider vor nicht allzu langer Zeit mit Brettern verschalt und eingelassen) bedienen der Wirt und sein Sohn. Am Sonntag können Sie hier mittagessen, wir aßen Ente und Hasenkeule, Wirsing, Blaukraut, Serviettenknödel, alles ganz ausge-

25

zeichnet, vorzügliche fränkische Küche, keine Kunstsaucen, kein Schnick-schnack, gute Grundprodukte, nach bewährten Rezepten zubereitet. Zu anderen Zeiten gibt es kalte Brotzeiten.
Jenseits der Straße stehen zwei Linden, darunter werden im Sommer Tische und Stühle aufgestellt. Die Straße dazwischen ist kaum befahren. Dort draußen dürfte das Bier noch besser schmecken als drinnen! Wir können diesen Gasthausbetrieb rückhaltlos empfehlen. Kein Ruhetag.

Bräustübla der Eschenbacher Wagner-Bräu, Eschenbach
Im Bräustübla unterhalb der großen Brauerei können Sie Pils, Märzen und Rauchbier probieren. Warme Speisen, Nächtigungsmöglichkeit.

Weitere Gaststätten

Gaststätte »zur Wurzhütt'n«, zwischen Wallburg und Zeller Forst gelegen. Biere des »Weiß-Rössl-Bräu« in Rosstadt.

2 Steigerwaldwälder zwischen Unterschleichach und Oberschleichach

Brauerei-Gasthof Löwen (Neeb), Unterschleichach

Waldwanderung im reichen Buchenwald und Pils vom Faß aus zwei Privatbrauereien, das wird sich bestimmt vertragen. Ob Sie sich die Waldwanderung oder den Pilstest als Ziel stecken, bleibt gleich, der Genuß ist beidemale inbegriffen. Etwas für die noch nicht ganz so warmen Sommernachmittage, nach dem Essen in Unterschleichach vielleicht, nicht zu bald nach starken Regenfällen, sonst ist es oft etwas unangenehm zu gehen. Man wird nicht müde von dieser kleinen Wanderung, nur angeregt.

Die Wanderroute

Wir folgen im Wesentlichen dem mit einem Eichhörnchen bezeichneten Rundweg zwischen Unter- und Oberschleichach. Gehen Sie von der Brauerei in Unterschleichach auf der Steigerwald-Höhenstraße in Richtung Eltmann, bis rechts nach Überquerung der Aurach die Straße nach Tretzendorf abzweigt. Dort führt linkerhand ein Fahrweg, dann Fußweg in den Wald hinauf (Buche, Eiche, Kiefer), der Sie an alten Steinbrüchen vorbei im großen Bogen wieder zur Straße nach Eltmann zurückbringt. Wenn Sie diese Straße queren, finden Sie jenseits eine kleine Kapelle. Links von ihr führt ein Pfad in den Wald, der mit dem Eichhörnchen

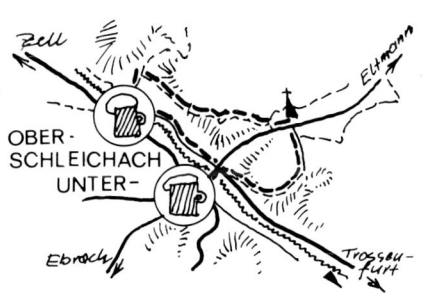

markiert ist. Er führt zunächst durch Hochwald, dann über eine Lichtung und endlich den bewaldeten Steilhang hinunter nach Oberschleichach. Queren Sie dort die Aurach, um drüben die Brauerei Zenglein zu besuchen, aber kommen Sie dann wieder zurück und schlagen Sie den mit blauer Route und Eichhörnchen markierten Fahrweg nach Unterschleichach ein, der sie in einer Viertelstunde zurück zum Ausgangspunkt bringt.

Dauer der Wanderung: 1 ½ bis 2 Stunden. Wanderkarte: Top. Karte 1 : 50 000, Blatt L 6128 Gerolzhofen oder Top. Karte 1 : 50 000, Naturpark Steigerwald, Blatt Nord.

Waldlandschaft mit Denkmal im zentralen Steigerwald (Unterschleichach)

Die Gaststätten mit Privatbrauerei

Brauerei-Gasthof Löwen (Neeb), Unterschleichach
Lassen Sie sich nicht abschrecken, wenn Sie neben der Tür des Gasthofs statt einer Speisekarte die Liste des örtlichen Fußballvereins finden. Es gibt zu trinken und zu essen, Sie müssen kein Fußballnarr sein, um bedient zu werden. Im großen Schankraum finden Sie die eine Seite mit vielen Geweihen gespickt, aber auch mit einem Wildschweinkopf samt Hut, Pfeife und Krawatte. Lassen Sie sich auch davon nicht abschrecken, sondern werfen Sie einen Blick auf die Karte oder fragen Sie die Bedienung, was es zu essen gibt (verschiedene Braten, gute Hausmacherbrotzeiten) und vor allem: bestellen Sie ein Pils! Zwar gibt es auch ein dunkles Vollbier vom Faß, das recht gut schmeckt und Märzen und Bock aus der Flasche, aber das eigentlich interessante und bemerkenswerte ist das Pils. Hier bekommen Sie ein gutes, richtig hopfiges Pils, das weder die ganz leicht malzige Fülle eines als Pils getarnten Vollbiers aufweist, das auch anderswo im Steigerwald angeboten wird, noch

die fade Blässe eines Großbrauereipils, das gegen alle Widrigkeiten der Zutaten so hingestylt wurde, daß es tatsächlich nach Pils schmeckt, aber steril und unbefriedigend bleibt. Das »Steigerwald-Pilsener« ist zartbitter hopfig, fast durchsichtig glanzklar, mit einer spezifischen Geschmackskombination, die sich nicht beschreiben läßt, doch das Bier deutlich von anderen abhebt. Nur gut, daß unsere Route als Rundweg konzipiert ist, der von Unterschleichach ausgeht, so können Sie das Pils unter anderen Bedingungen ein zweites Mal testen und mit dem eben genossenen Pils in Oberschleichach vergleichen! Mittwoch Ruhetag.

Der Löwenbräu in Unterschleichach braut ein ausgezeichnetes Pils

Brauerei-Gasthof Zenglein, Oberschleichach
Ein modernisierter Bau, im Vorraum Billardtisch und Spielautomaten, drinnen Pseudobauerneinrichtung und Bayern 3. Wenig verheißungsvoll. Dann die Karte mit einigen warmen Speisen und guten Brotzeiten und zwei Biere, Pils vom Faß und Bockbier in der Flasche. Kein einfaches Vollbier! Das Brauwasser verlockt auch hier zu bitter-hopfigen Pilsgenüssen. Und das Pils enttäuscht auch nicht, es hat guten, echten Pilsgeschmack, ist sehr schäumig, der Schaum hält sich lange. Auch das Bockbier schmeckt uns, es ist dunkel und sämig, voll, recht süß, aber durchaus angenehm zu trinken, kein »Dunkles Vollbier«. Dienstag Ruhetag.

3 Von Weingärten zu Karpfenteichen

Brauerei-Gasthof A. Schrüfer, Priesendorf

Wer's nicht glaubt, daß man auf dieser doch recht kurzen Wanderung vom Wein- in's Bierland kommt und wieder zurück, der muß sich wohl oder übel nach Weiher begeben und dort den Kohlberg (was für ein wenig verheißungsvoller Name!) hinauf: unten im Ort hatte er in einer Privatbrauerei Gelegenheit, das örtliche Bier zu testen und er wird diese Gelegenheit auf unserer Tour noch ein paar mal haben, die Fischteiche mit ihrer Karpfenzucht bei Trabelsdorf nicht zu vergessen. Am Hang des Kohlberges wird er einen schönen Weinberg bewundern können, einen der am weitesten östlich mainaufwärts geschobenen Weinberge Frankens überhaupt, die kommerzielle Anbaugrenze endet ja schon viel weiter mainabwärts, bei Zeil am Main und Sand am Main. Der Weingarten am Kohlberg bei Weiher ist noch ganz mainzugewandtes Weinland, die Karpfenteiche bei Trabelsdorf sind Steigerwaldvorland. Daraus bezieht diese Tour ihren Reiz, aus der Zweipoligkeit ihrer Akzente, aus den kleinen und großen Unterschieden zwischen mainseitigen und aurachseitigen Hängen dieses Gebietes.

Die Wanderroute

Vom Braugasthof in Weiher talaufwärts bis zum Waldrand, dort rechts im großen Bogen zur Hochfläche, vorbei an zwei Weinbergen. Oben nach links, die Asphaltstraße querend und immer in gleicher Richtung weiter bis zu einem Wädchen, in dem der Weg zum Hohlweg wird. Teiche nach dem Wäldchen und der Ortsrand von Priesendorf. Sie folgen dem nunmehr asphaltierten Weg bis zur Hauptstraße des Ortes (links die Marienkapelle), wo Sie sich rechts wenden, um zum Braugasthof gegenüber der Kirche zu kommen.
Von Priesendorf zunächst auf der Straße Richtung Trabelsdorf bis zu einer Abzweigung nach rechts, gegenüber der Post. Folgen Sie dieser Straße bis zur ersten Abzweigung, wo Sie sich links halten, zunächst noch innerhalb des Ortes Neuhausen, dann durch die Felder und Wiesen des Aurachtales. Trabelsdorf kommt in Sicht mit seinen Fischweihern (Wildvögel!), ein Damm führt hinüber. Das Brauereistüberl finden Sie, wenn Sie sich links halten.
Von Trabelsdorf zunächst auf der Straße nach Walsdorf bis zur Abzweigung der Straße nach Tütschengereuth auf der linken Seite. Folgen Sie dieser Straße bis zur Häusergruppe Tiefenbach (einzeln stehender, großer Schorn-

stein!), von der links ein gut erkennbarer Weg den Berg hinaufzieht. Folgen Sie diesem Weg in immer gleicher Richtung, ein Wasserbehälter bleibt rechts, an einer spitzen Weggabelung halten Sie sich links. Wo wieder ein Wasserbehälter steht, beginnt ein Fahrsträßchen, das Sie in den Ort Weiher hinunter und an den Ausgangspunkt der Tour zurückführt.

Dauer: 2 ½ bis 3 Stunden. Wanderkarte: Top. Karte 1 : 50000, Blatt L 6130 Bamberg oder Top. Karte 1 : 50000, Naturpark Steigerwald, Blatt Nord

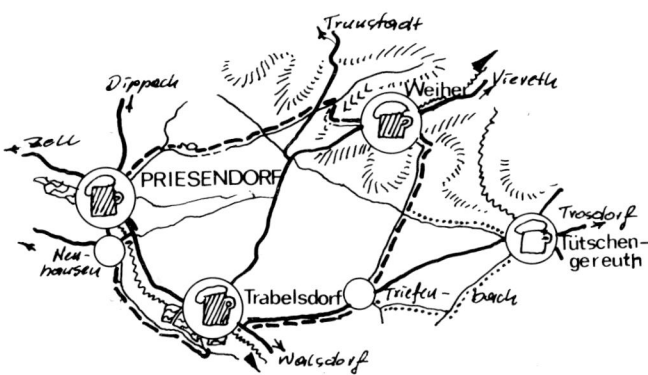

Die Gaststätten mit Privatbrauerei

Die Brauereien unserer Route vertreten gänzlich unterschiedliche Typen. Die Brauerei in Weiher ist noch ein reiner Familienbetrieb, mit Ausnahme des Wochenendes wird nur für die Dorfkundschaft ausgeschenkt und serviert. In Priesendorf haben wir einen Mischbetrieb von Land- und Teichwirtschaft vor uns, der aber ebenfalls ein kleiner Familienbetrieb ist. Größer sind die beiden Brauereien in Trabelsdorf, die ihre Gastwirtschaften jeweils verpachtet haben. Das Schloßbräu Trabelsdorf mit seinen vielen Zapfenwirten ist als Großbrauerei anzusprechen. Und das alles auf wenigen Stunden Strecke, ganz leicht an einem einzigen Nachmittag abzuklappern!

Brauerei-Gasthof A. Schrüfer, Priesendorf

Das unauffällige Wirtshaus unterhalb der interessanten Kirche des Ortes ist eine angenehm ruhige fränkische Wirtschaft. Ein ausgezeichnetes Export (helles Vollbier) vom Faß, sonntags warmer Mittagstisch, sonst gute Brotzeiten, eigene Karpfen und Gänse für die speziellen Anlässe. Die Gaststube ist zwar wenig individuell, aber über der Schank stehen ein paar interessante Krüge, zum Teil verknüpft mit der Familiengeschichte des Besitzers, es lohnt sich, sie näher anzusehen. Vielleicht hat der junge Wirt gerade Zeit, er weiß nicht nur über sein Handwerk etwas zu sagen. Mittwoch Ruhetag.

Brauerei-Gasthof Beck, Trabelsdorf

Streng genommen gehört dieser Gasthof nicht in diese Rubrik, denn er ist verpachtet, aber darauf macht den bierdurstigen Besucher nichts aufmerksam. Er kann vor dem Haus im kleinen, schattigen Gastgarten bleiben oder drinnen in der Stube sein Vollbier, Lager, Pils oder sogar Hefeweizen zu sich nehmen. Das Vollbier vom Faß, die anderen Biere aus der Flasche, alle angenehm und fehlerlos, wenn auch vielleicht ohne individuellen Charakter. Dazu gibt's an Sonntagen warmes Essen, sonst Hausmacherbrotzeiten. Freitag Ruhetag.

Beim Beck-Bräu in Trabelsdorf können Sie auch im kleinen Gastgarten platznehmen

Die *Schloßbrauerei Trabelsdorf* hat in Trabelsdorf und im weiten Umkreis Zapfenwirte. Sie werden auf Ihren Wanderungen ganz sicher einem begegnen, der die Biere dieser für uns schon zu großen Brauerei ausschenkt.

Brauerei-Gasthof Burgbräu, H. Bayer, Lisberg

Die Brauerei H. Bayer muß schon ein Weilchen im Familienbesitz sein, wie die alte Aufschrift »Brauerei M. (oder W.?) Bayer«, auf der Terrasse verrät. Heute nennt man sich Burg-Bräu, denn genau über den Brauerei- und Wirtschaftsgebäuden liegt die prachtvoll renovierte Burg Lisberg. Im Sommer kann man im Schatten eines Sonnendecks an langen Tischen auf der Terrasse platznehmen, im Winter gibt's nur die Stube. Aber die Stube ist eine wirklich wunderschöne fränkische Wirtsstube, mit Holzbohlenboden, Balkendecke, zwar nicht mehr alter, aber bäuerlich schwerer Einrichtung, ohne den Geruch der frühen Sechzigerjahre, wie er sonst in fränkischen Wirtsstuben übermächtig wird. Dazu freundliche weibliche Bedienung, eine gute Speisekarte (warme Speisen auch wochentags) mit einem einfach überwältigenden rohen Schinken!

Das Lagerbier im Steinkrug hat alle Qualitätsmerkmale eines guten Lagerbiers, recht stark gehopft, fast ohne Kohlensäure, ein Unterton malziger Süße, voller Geschmack, aber doch leicht und erfrischend zu trinken. Mittwoch Ruhetag.

Prächtig restauriert — das Schloß in Trabelsdorf

Brauerei-Gasthof Windmüller, Weiher

Am Rande des kleinen Ortes Weiher liegt diese traditionelle Gastwirtschaft. Der große Gastgarten vor der Tür liegt leider in Nordausrichtung, aber an warmen Sommernachmittagen ist das eher angenehm. Hier kann man sehr gemütlich essen und trinken, die Bamberger wissen das ganz offensichtlich. Der Familienbetrieb serviert an Sonntagen warmes Essen, es kann schon mal etwas länger dauern. Zu anderen Zeiten Hausmacherbrotzeiten. Das Lagerbier der Brauerei ist voll und gut gehopft, sehr angenehm. Mittwoch Ruhetag.

4 Von Untersteinbach zum Glashütter Käppela

Brauerei-Gasthof Michel, Hirschenbräu, Untersteinbach im Steigerwald

Mitten im prächtigen Buchenwald des Steigerwaldkammes zwischen Aurach und Rauher Ebrach steht das kleine »Glashütter Käppela«. Die unscheinbare Kapelle ist ein Votivbau, sie wurde 1730 von einem Bauer, der hier mit seinem Ochsengespann im Glashüttendienst in Todesgefahr geriet, der Gottesmutter für Errettung aus derselben gelobt. Der kleine Holzbau mit Steinapsis wurde im frühen 19. Jahrhundert als Steinbau erweitert, seine Innenausstattung ist leider in den Sechzigerjahren teilweise ausgeraubt worden. Das Käppela besitzt über seinem Haupteingang ein interessantes Denkmal: eine um das Jahr 1000 datierte Figur des Frankenheiligen Kilian als Mönch, nicht wie sonst als Bischof. Immer noch wird einmal jährlich von den umliegenden Orten eine Wallfahrt zum Käppela gemacht, es sind Kriegsheimkehrer die sich dorthin verlobten und im Mai wallfahren.

Wer vom Käppela nach Fabrikschleichach, dem Standort der Glashütte des 18. Jahrhunderts wandern will, muß derzeit die Hosen hochkrempeln. Bulldozer haben den Weg »begradigt« und verbreitert, den steilen Buchenwaldhang brutal entstellt. Leider sehen wir auf unserer Wanderung im vielgerühmten »Naturpark Steigerwald« immer wieder Zeichen unverantwortlicher Raubbautätigkeit und zerstörerischer Straßenbautätigkeit. Wanderwege müssen begradigt und geschottert und wenn möglich asphaltiert werden, aber wo neue Forststraßen die Wanderwege schneiden, da dauert es sehr sehr lange, bis man die Zu- und Abgänge wieder begehbar macht. Ob dieses Vorgehen von Forst- und Fremdenverkehrsämtern zusammen mit den Gemeindeverwaltungen in Zukunft die erwarteten wirtschaftlichen Früchte tragen wird?

Dennoch ist unsere Wanderung eine erholsame, landschaftlich reizvolle Wanderung durch den zentralen Steigerwald. Bei Untersteinbach sind trockene Wiesen mit ihrer interessanten Vegetation zu bewundern, dann treten wir in den Buchenwald ein, im Karbachtal empfangen uns einige blumenreiche Mähwiesen, die Waldrandvegetation auf dem Weg von Fabrikschleichach nach Untersteinbach bringt neue Blütenformen und -farben.

Die Wanderroute

Vom Hirschbräu in Untersteinbach wenden Sie sich talabwärts in Richtung Theinheim bzw. Burgebrach. Nach dem Ortsausgang steht links ein großer

Aussiedlerhof, hinter dem ein Asphaltsträßchen links den Berg hinaufführt (Schild »Rundweg Forst 5 km«, Markierungen: grüner Kreis mit Balken und Eichenblatt). Sie folgen diesem Sträßchen bis zu einem Schild »Zum Kreuz«, der schmale Weg führt sie auf den Bergrücken und durch den Wald wieder an den Waldrand und zu einem Fahrweg, den Sie nach links folgen. Die Markierung ist immer grüner Kreis mit Balken. Nach einer langen geraden Strecke (ca. 700 m) folgt ein scharfer Knick nach rechts, dann links eine Lichtung. Hier führt ein Weg (grüner Kreis mit Balken) nach links in den Wald (Achtung: nicht die Schotterstraße 50 m weiter links benutzen!), dem Sie bis zum Glashütter Käppela folgen. Kurz vor dem Käppela geht der Weg nach links in den steilen Waldhang (Markierung Wildsau, und großes N für Naturlehrpfad) und hinunter nach Fabrikschleichach, wo Sie im Gasthaus »Zur alten Glashütte« beim Bier der Brauerei Zenglein in Oberschleichach (vgl. Tour 2) Rast machen können.

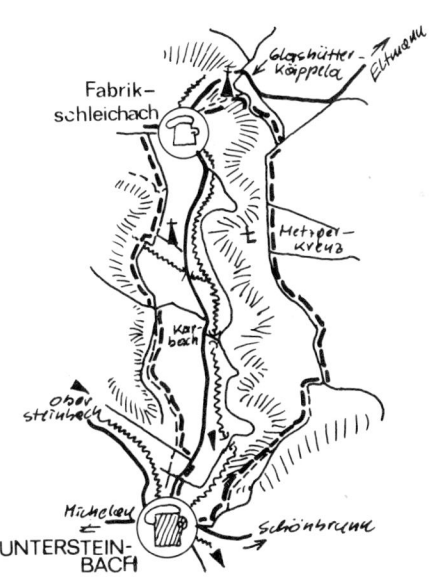

In Fabrikschleichach über die Hauptstraße hinweg. An der Kirche vorbei führt eine Querstraße, der Sie bis zum Ortsrand folgen. Vor einem einzelnen Hof zweigt links ein Fahrweg ab, Markierungen Wildsau und Hirschkäfer (der Hirschkäfer führt von hier nach Untersteinbach). Auf Fahrweg meistens am Waldrand entlang, zuweilen auch in den Wald eindringend, meist gut markiert bis an den südlichsten Waldrand in der Nähe von Untersteinbach, dort auf Fahrweg nach links zur Straße und zum Ort.

Dauer der Wanderung: 2 ½ bis 3 Stunden. Wanderkarte: Top. Karte 1 : 50000, Blatt L 6128 Gerolzhofen oder Top. Karte 1 : 50000 Naturpark Steigerwald, Blatt Nord.

Die Gaststätten mit Privatbrauerei

Brauerei-Gasthof Michel, Hirschenbräu, Untersteinbach im Steigerwald
Ein schöner Wirtshausausleger winkt vor dem alten Gebäude, zu dem Sie ei-

nige Stufen hinaufsteigen müssen. Drinnen erwarten Sie eine unauffällige Gasthauseinrichtung und eine freundliche Bedienung, insbesondere ein netter Wirt, der alte Krüge und andere Trinkgefäße sammelt. Seine Glaskrüge, sein Zinn, vor allem aber seine Trinkhörner, die zwischen 1870 und 1930 zu datieren sind, stehen im Schankraum zur allgemeinen Besichtigung und Bewunderung. Übersehen Sie nicht die prächtigen alten Wanduhren!

Wie viele andere Braugaststätten hat der Hirschenbräu in Untersteinbach das Zunftzeichen der Brauer, den sechszackigen Stern, auf seinem Ausleger

Eigene Karpfen und Forellen bieten sich an, aber auch Pizza und Currywurst, auch traditioneller Sauerbraten, Schnitzel und vor allem sehr ausgiebige Brotzeiten. Nichts Überwältigendes, aber gut und preiswert.
Das Schankbier ist ein unauffälliges helles Vollbier, feinsämig und schmackhaft, glanzklar. Das Märzen ist ein mittelstark gehopftes, recht kohlensäurereiches, angenehm auf der Zunge prickelndes Bier. Beide Biere sind sehr hell, typische Sandsteinbiere, recht angenehm leicht und erfrischend. Fremdenzimmer.

Einsame Wanderlandschaft bei Fabrikschleichach

5 Wälder um die Luitpoldeiche

Brauerei-Gasthof Seelmann, Zettmannsdorf

Nichts Spektakuläres erwartet Sie auf dieser Tour. Und doch ist sie einprägsam, abwechslungsreich, lebendig. Die lange Waldstrecke vor und nach der Luitpoldeiche kontrastiert mit Wegen und Fahrsträßchen entlang der Rauhen Ebrach, die bäuerliche Landschaft mit forstlich genutzter Landschaft. Zettmannsdorf und Schönbrunn, zwei hübsche Steigerwaldorte mit ihren Brauereien, setzen Glanzlichter. Der Ausdruck der Sommerfrische ist aus der Mode gekommen. Für unseren Bereich trifft er so gut zu, daß wir ihn gerne wieder einführen wollen: Sommerfrische Rauhe Ebrach!

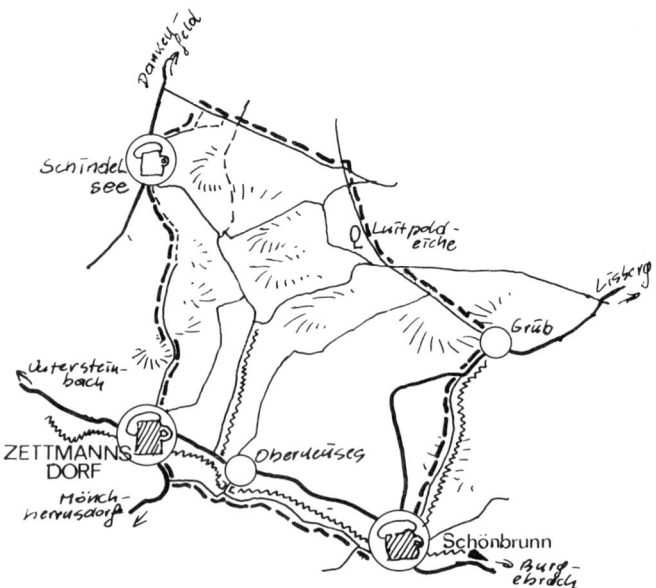

Die Wanderroute

In Zettmannsdorf führt links vom Bierkeller der Brauerei Seelmann (Schild) ein asphaltierter Weg bergauf. Dieser Weg endet an einer Querstraße, hier gehen wir links und gleich wieder rechts: das asphaltierte Sträßchen führt in immer etwa der gleichen (Nord-)Richtung zunächst um eine Kuppe herum, dann zum Waldrand und an ihm entlang. Wo dieses Sträßchen den Wald wieder verläßt und nach rechts talwärts biegt, führt ein wenig begangener Waldfahrweg nach links hinauf. Wenn Sie wieder aus dem Wald heraustreten, sehen Sie den kleinen Ort Schindelsee (mit Gastwirtschaft, die Biere der Brauerei Wernsdorfer in Schönbrunn führt), den Sie bis knapp vor das andere Ende durchqueren. Dann führt rechts ein asphaltierter Weg zum Waldrand, wo er endet, weisen zwei Wege in den Wald, Sie nehmen den linken. Er führt zu einem geschotterten Querweg, dem Sie rechts folgen, bis Sie die querende Schneise des mit MD markierten Main-Donau-Weges erreichen. Nun immer der MD-Markierung folgend durch den Weiler Grub hinunter nach Schönbrunn. Über die Raue Ebrach hinüber nach Niederndorf, von dort bachaufwärts aus dem Ort hinaus und auf Fahrweg bis zur Brücke nach Zettmannsdorf.

Dauer der Wanderung: ca. 3 Stunden. Wanderkarte: Top. Karte 1 : 50000, Blatt L 6128 Gerolzhofen und Blatt L 6130 Bamberg oder Top. Karte 1 : 50000, Naturpark Steigerwald, Blatt Nord.

Die Gaststätten mit Privatbrauerei

Brauerei-Gasthof Seelmann, Zettmannsdorf
Die Brauerei Seelmann wird derzeit erweitert und ausgebaut. Auch der Gastgarten ist in letzter Zeit erweitert worden, hier hat man keinen Beton verwendet und keine Steinterrasse errichtet, sondern eine begrünte Wiesenterrasse geschaffen und neue Kastanien zu den alten gepflanzt. Das Ergebnis ist ein klassischer Gasthausgarten und die Kundschaft honoriert die Anstrengung mit regem Besuch. Die Brotzeiten sind reichlich und schmackhaft, Preßsack, Blutwurst, roher Schinken, Hartwurst finden sich auf der kleinen Hausmacherplatte.
Die Brauerei ist in fünfter Generation von den Seelmanns betrieben. Die Georg Seelmanns Vater und Sohn werden vom jüngeren Sohn und den Frauen der Familie unterstützt. Der junge Wirt ist 1984 Schützenkönig der Gemeinde, die sich daraus ergebenden Verpflichtungen (auch in Bezug auf den Bierkonsum und die Nachtruhe) läßt er sich bei Geschwindigkeit und Effizienz der Bedienung durchaus nicht anmerken. Das Schützenhaus steht übrigens nebenan, in der Schützenstraße, und wird ebenfalls von den Seelmanns betrieben.
Nicht ganz glücklich waren wir mit dem Bier. Nicht, weil es etwa nicht einwandfrei war, sondern weil es uns nicht so schmeckte. Die Seelmanns schen-

ken im Garten ein schwach kohlensäurehaltiges Bier aus (Lagerbiertypus), das aber für ein erfrischendes Sommerbier zu malzig-süßlich schmeckt. Daneben ist es, wie ein Lagerbier sein soll, kräftig gehopft, die Bitterstoffe halten sich auch gut auf der Zunge, ohne nach kurzer Zeit unangenehme Geschmacksnuancen anzunehmen. Aber die malzige Süße, die Stärke des Bieres wollten uns damit nicht zusammenpassen. Die Deklarierung des Biers durch die Brauerei als »Pils« erscheint uns irreführend, denn der erzeugte Ge-

Die Gartenerweiterung beim Seelmann in Zettmannsdorf sollte ein Vorbild für viele andere Gastwirte sein

schmackseindruck entspricht kaum einem Pils (dafür gibt es sehr gute Beispiele in Unter- und Oberschleichach, Route 2). Dennoch ist es ein gepflegtes, individuelles, süffiges Bier. Unser Rat: hingehen, probieren, mit anderen Bieren vergleichen. Wie gut, daß wir noch so viele Brauer haben, die ihre ganz persönliche Vorstellung von einem guten Bier haben! Kein Ruhetag.

Brauerei-Gasthof Wernsdörfer, Schönbrunn
Die große Brauerei ist gut im Geschäft, auch was die Hausbrauer, vor allem aber, was Zapfenwirte anbelangt. Die Wirtschaft ist neu ausgebaut, recht freundlich, aber vor das Haus hat man eine Waschbetonplattenterrasse gesetzt, mit Blumen in Holztrögen und ohne Schatten.

Warme Speisen und gute Brotzeiten (Pressack, Sülze, Schinken, Göttinger). Das helle Vollbier ist angenehm, etwas malzig und voll. Geschmack und Geruch enthalten eine ganz leicht brandig-rauchige interessante Komponente — lag's nur am Sud? Kein Ruhetag.

In der Nähe der Hünengräber bei Grub, oberhalb Schönbrunn

Brauerei-Gasthof Otto Bähr, Schönbrunn
Gasthof an der Durchzugsstraße, besonders an Wochenenden stärker frequentiert. Warme Speisen und Hausmacherbrotzeiten, helles Vollbier vom Faß. Montag nachmittags geschlossen.

Weitere Gaststätten

Gasthof Hofmann, Schindelsee: Einkehrgasthaus, Biere der Brauerei Wernsdörfer, Schönbrunn.

41

6 Bierstadt Bamberg

Brauerei-Gasthof Spezial, Familie Merz, Bamberg

Von der tausendjährigen Bischofsstadt und ihren oft beschriebenen Kunst- und Kulturdenkmälern soll hier nicht die Rede sein. Bamberg ist auch so etwas wie die Hauptstadt des Brauwesens im Freistaat Bayern, eine Stadt von mittlerweile Universitätsehren, wichtiges Wirtschaftszentrum und doch gibt es in dieser Stadt noch zehn mittelständische Brauereien, die überwiegend für die eigene Schank brauen! Noch Mitte der Dreißigerjahre waren es neunzehn Brauereien, ein schwärmerisches Büchlein von 1941 berichtet darüber, die »Selige Bierreise« von Victor Zobel. Immer noch ist Bamberg Bierstadt, Brauereistadt, haben die behäbigen Gasthöfe die alten, nachgedunkelten Gaststuben, sind die Kellnerinnen vom selben (freundlich-bestimmten) Typ, hat sich das Bier, das während des Sommers auf den Kellern am Stephansberg getrunken wird, nicht geändert, Vollbier, Lagerbier, Rauchbier, das sind die Biersorten der Bamberger, und dabei wird's hoffentlich bleiben, trotz der Konkurrenz der Billigbiere. Hier sind sie eben noch keine Konkurrenz, wer ständig die schmackhaften Privatbrauereibiere um die Ecke versuchen kann, der fällt den Allerweltsbilligbieren nicht so leicht zum Opfer. Zumal das Bier in der Wirtschaft hier wie überall in Franken viel billiger ist als anderswo (im Kölner Raum zahlen Sie für 0,2l Kölsch so viel wie hier für einen halben Liter Vollbier).

Warum sich gerade in und um Bamberg das traditionelle Privatbrauereiwesen so gut erhalten hat, daß Bamberg heute in Bezug auf Anzahl und Vielfalt seiner Braustätten einzig auf der ganzen Welt dasteht (das vielgerühmte Kulmbach kann hier gar nicht mithalten), das weiß wohl niemand so recht. Sicher hat es mit dem starken Traditionselement der Bewohner der Bischofsstadt zu tun, sicher auch mit der Randlage der Stadt, ja des gesamten Oberfrankens, verstärkt durch die Lage an der innerdeutschen Grenze und am Eisernen Vorhang, durch die wirtschaftliche Stagnation im Vergleich mit anderen Gebieten der Bundesrepublik, vielleicht mit dem historischen Zufall, daß die ökonomisch sinnvolle, aber traditions- und vielfaltzerstörende Betriebskonzentration in Franken nicht hier begann, sondern in Mittelfranken, im Ballungsraum Nürnberg-Fürth, und Bamberg erst zu einem Zeitpunkt erreichte, als die Weichen wieder für Besinnung auf anerkannte Werte gestellt waren.

Was immer es auch sein mag, das den Bambergern ihr Bierparadies bewahrt hat, das unserer Meinung nach sehr wesentlich zum Charme dieser Stadt beiträgt, es ist jedenfalls ein Kapital, mit dem die alte Stadt wuchern sollte. Es wundert uns, daß Bamberg in seiner Fremdenverkehrswerbung so wenig aus dem Umstand macht, daß es Frankens, Deutschlands »Brauereimekka« ist. Kunst und Geschichte als alleinige Werbeinhalte? Nun gut, in den amtlichen Prospekten ist schon mal ein Biertrinker zu sehen und demnächst wird sogar ein Brauereimuseum eröffnet. In den Gaststuben sind Bamberger unter sich, sieht man vom Schlenkerla ab, das mitten im Besuchertrubel steht. Aber im Spezial müssen Sie nach Nicht-Bambergern suchen. Seltsam, daß die Fremdenverkehrswerbung, die das Romantisch-Altfränkische so stark herauskehrt, diese Seite Bambergs nur randlich anspricht und nur immer wieder die Kunstschätze beschwört: Dom, Bamberger Reiter, Synagoge, Klein Venedig, Hoffmannshaus, Residenz, Rathaus, Concordia...

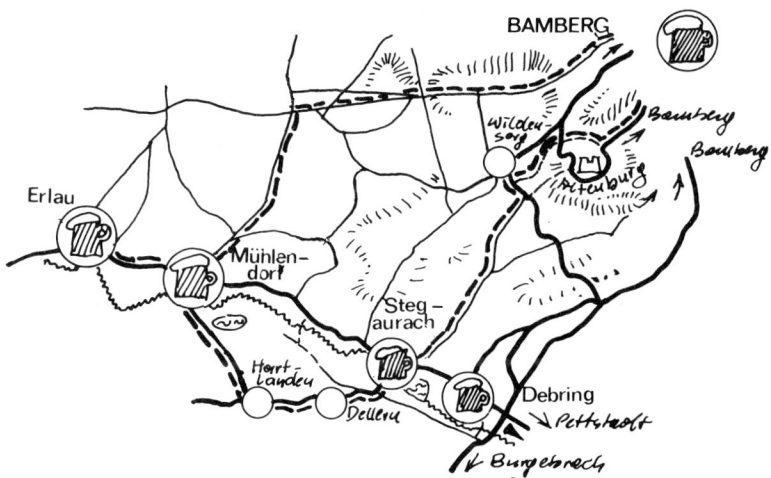

Die Wanderroute

Unser Weg führt vom Bahnhof durch Bürger- und Domstadt, passiert vier Brauereien und leitet an der Altenburg vorbei in den Aurachgrund mit seinen bei Bamberger Ausflüglern beliebten Karpfen- und Bierwirtschaften.
Vom Bahnhof durch die Luitpoldstraße in Richtung Stadt, dann rechts in die Obere Königsstraße, dort links das »Spezial« und rechts das »Fässchen«. Weiter durch die Obere Königsstraße bis zur Kettenbrückengasse, die nach links über die Brücke in die Fußgängerzone führt. Nun die Fußgängerzone geradeaus bis zur Oberen Brücke, Sie gehen durch's alte Rathaus, dahinter

nach rechts und gleich wieder nach links in die Dominikanerstraße, wo Sie rechts das »Schlenkerla« finden. Anschließend wieder die Dominikanerstraße zurück und geradeaus in die Herrenstraße, nach rechts auf die Schranne, rechts in die Untere Kaulberggasse, die dann in die Würzburger Straße übergeht und zum Laurenziplatz. Dort steht das »Greifenklau«. Wer zum Stephansberg mit seinen Kellern will, der hält sich am Anfang der Unteren Kaulberggasse nach links in die Judenstraße, dort zweigt bald nach rechts der Untere Stephansberg ab.

Vom Greifenklau nach links in die Laurenzistraße und gleich wieder links hinunter (Allgemeines Fahrverbot) zur Panzerleitestraße. Dort nach rechts bis zur Dorotheenstraße, diese links hinauf bis zur Altenburgerstraße, diese nach links bis zu einem Sattel unter der Altenburg. Hier führt nach rechts ein Weg in den Wald, der »Rübezahlweg« (nur Fußgänger) passiert besonders schöne Flora und hat einige herrliche Blicke auf Bamberg aufzuweisen! Wo er in den Rinnersteig mündet, nach rechts und gleich wieder nach links auf einen Weg, der Sie hinunter nach Wildensorg führt.

Von Wildensorg führt die ehemalige Straße (heute nur Rad- und Fußweg) nach Stegaurach, dort auf der Hauptstraße rechts der »Krug«. Beim Wegweiser nach Hartlanden links halten, beim großen Weiher links die Brauerei »Windfelder«. Weiter auf Fahrsträßchen nach Dellern und Hartlanden, dort weiter (Schild) in Richtung Mühlendorf. Noch vor der Bachquerung rechts das »Mühlenbräu«. Nach Erlau und zum »Kießling« einen Kilometer auf der Fahrstraße. Von Mühlendorf führt die Kellergasse in Ortsmitte Richtung Gaustadt, zunächst im Hohlweg, später auf gutem Waldsträßchen. Bei der ersten Weggabelung halten Sie sich links, bleiben bis zur höchsten Waldkuppe in der hier eingeschlagenen Richtung. Auf der Kuppe erreichen Sie einen nach rechts führenden Fahrweg, der an der Kindleinseiche vorbei in immer gleicher Richtung (Ost) hinüber zum Michaelsberg und zurück nach Bamberg führt.

Dauer der Wanderung: 4 bis 5 Stunden (mit Erlau, ohne Debring). Wanderkarte: Top. Karte 1 : 50000, Blatt L 6130 Bamberg oder Top. Karte 1 : 50000, Naturpark Steigerwald, Blatt Nord.

Die Gaststätten mit Privatbrauerei

Die zehn Brauereien von Bamberg, die fünfzehn Brauereien der Route (zwei derzeit nicht brauende eingerechnet) haben zum Teil berühmte Namen. Zumindest das »Schlenkerla« und sein Bamberger Rauchbier sind weithin bekannt geworden. Rauchbier ist eine Bamberger Spezialität. Es ist ein schwach

Das alte Bamberger Rathaus wurde auf einer Regnitzinsel errichtet

kohlensäurehaltiges dunkles Märzen oder Lager, dessen Malz über offenem Buchenholzfeuer gedarrt (getrocknet) wurde und dadurch seinen charakteristischen Rauchgeschmack erhält. Das Schlenkerla hat dafür seine eigene Mälzerei am Stephansberg. Auch im »Spezial« gibt es übrigens ein Rauchbier, weniger stark rauchig im Geschmack als jenes vom Schlenkerla, Rauchbierneulingen für den Anfang somit eher zu empfehlen — man muß sich an diesen Geschmack erst gewöhnen.

Die Brauereien der Stadt produzieren Rauchbier, Lagerbier, Pils und helles Vollbier beziehungsweise Märzen und Export. Vor zwei Generationen wurde noch kein Pils gebraut, damals trank man in Bamberg Rauchbier, Lagerbier, seltener Vollbier und ab und zu ein Dunkel, das übrigens von einigen Brauereien auch heute noch hergestellt wird. Das interessante Buch von Victor Zobel, aus dem wir weiter unten einen größeren Ausschnitt wiedergeben, berichtet über die Bamberger Biere zu Ende der Zwanzigerjahre.

Die Brauereien schenken im Sommer auf den eigenen Kellern am Stephansberg oder im eigenen Garten aus. Die Keller am Stephansberg sind keine Kellerhäuschen mit ein paar Tischen und Bänken davor, sondern ausgewachsene Wirtschaften. Besuche am Wochenende müssen unter Einschränkung der Ellenbogenfreiheit gemacht werden. Die Bamberger sind eifrige Kellerbesucher.

Die meisten Brauereien dieses Gebietes sind im Vergleich mit den anderen Brauereien, die in diesem Buch vorgestellt werden, relativ groß. Das Spezial hat einen Ausstoß von 5 600 hl, das Fäßchen einen von 3 500 hl (nach: Brauerei Adreßbuch, 12. Aufl., Brauwelt Verlag, Nürnberg 1983), das ist im Vergleich mit den nicht einmal 1 000 hl der Brauerei Bräutigam in Weisbrunn schon ganz beachtlich. Verglichen mit der großen Konkurrenz in Nürnberg/ Fürth und den Giganten der Branche mit Ausstoßzahlen in Millionenhöhe ist das allerdings ein Klacks.

Brauerei-Gasthof Spezial, Familie Merz, Bamberg
Die beiden Stuben des weitläufigen Brauereigasthofes sind dezent nachkriegsrenoviert, man hat die kleinbürgerliche Gemütlichkeit der holzgetäfelten Räume mit umlaufender Bank und großen, gegliederten Fenstern nicht angetastet. Die Decke im Nebenraum ist neu, sticht aber nicht ab von der sonstigen Einrichtung. An den großen Tischen Bamberger Bürger, die sich ihre Brotzeit mitgebracht haben, Uneingeweihte werden freundlich vom Nebentisch darauf aufmerksam gemacht, daß man sich hier selber was mitbringen kann. Die reschen Kellnerinnen bringen aber auch gerne Brotzeiten und die heiße Krakauer, die sie zum Beispiel servieren, ist auf jeden Fall einen Umweg wert!

Das dunkle Lagerrauchbier vom Faß hat sehr dezenten Rauchgeschmack, ist gut gehopft, man würde sich fast ein wenig mehr Stammwürze als Hopfengabe wünschen, der Geschmack des allerdings sehr wohlschmeckenden Bieres verblaßt etwas zu schnell. Aber hören wir uns die hymnischen Töne Victor Zobels an, seine Worte zum »Spezial« sind noch richtig (Victor Zobel: Selige Bierreise, Bamberg 1941, S. 17/18): »In diesem Paradiso gibt es drei Sphären der Seligkeit, hübsch kastenmäßig aufgestuft: erst die Dienst- und Fuhrmannstorhalle, dann die große Gassenschänke mit vielen langen Kollektivtischen und aufbehaltenen Hüten, und drittens das stillere Herrenstübchen, das noch eine weite Anbuchtung nach hinten zu besitzt. Überall aber fließt gleichmäßig und versöhnend, mild erregend und bernsteinfarben dasselbe mannhafte Getränk aus Krügen oder Deckelgläsern in die gleichermaßen lustempfänglichen Gurgeln. So braucht mir niemand zu verübeln, daß ich die Vorstufen der Commedia durchschreite und mich herrenmäßig mit Supp, Gemüs und Fleisch von der dicken Kellnerin bedienen lasse. Mit Bedacht und Ernst koste ich das gute aus geräuchertem Malz bereitete Bier zum Essen, es behagt mir mächtig, hat Fülle und Kraft«. Kein Ruhetag.

Brauerei-Gasthof Fässchen, Bamberg

Das Fässchen ist vielleicht noch um eine Nuance anheimelnder als das Spezial, dunkel holzgetäfelt, mit großen Holztischen und der Schank mit den Holzfässern am Durchgang zwischen den Räumen. Hausmannskost und Brotzeiten, deftig und schmackhaft. Drei Biere, ein Lager vom Faß, Pils und »Zwergla«-Märzen mit etwas höherer Stammwürze. Das meistgetrunkene Bier ist das Lager, es hat für ein Kellerbier überraschend viel Kohlensäure und schmeckt auch eher wie ein gespundetes Vollbier, ist aber wie Kellerbier stärker gehopft. Kein Ruhetag.

Brauerei-Gasthof Schlenkerla, Bamberg

Sehr schöner Fachwerkbau, innen durchwegs alte Holzverkleidungen, sehr stimmungsvoller Gastraum. Ausgezeichnete warme fränkische Küche (vom Züngerl zum Tellerfleisch). Man kann auch die Vesper mitbringen. Das dunkle Rauchbier-Märzen schmeckt etwas voller als das Rauchbier vom Spezial und hat stärkeren Rauchgeschmack. Dienstag Ruhetag.

Brauerei-Gasthof Greifenklau, Bamberg

Alter Gasthof an der Ausfallstraße nach Würzburg. Große alte Gaststube, ausgedehnter, schattiger Gastgarten. Bedienung unterschiedlich freundlich bis schnippisch. Gute Brotzeiten, flotter Service. Export-, Fest- und Bockbier. Das üblicherweise ausgeschenkte Export ist ausgesprochen süffig, recht dunkel, schmeckt sehr voll und angenehm. Wenig Kohlensäure, Lagerbiercharakter. Kein Ruhetag.

Weitere empfehlenswerte Brauereigaststätten in Bamberg (Adressen im Verzeichnis am Schluß des Buches): *Brauerei Mahr* und *Brauerei Keesmann*.

Brauerei Lechner, Mühlenbräu, Gasthof zur Mühle, Mühlendorf

Große, ansprechend renovierte Gaststube (mit neuer, kostspieliger Holzdecke). Freundliche Bedienung. Warme Speisen: Schweinebraten, Cordon bleu, Haxe, Sauerbraten. Brotzeiten. Helles und dunkles Lagerbier, das helle voll und sämig, das dunkle herb und schlank, beide mit für ein Lagerbier reichlicher Kohlensäure. Dienstag Ruhetag.

Brauerei-Gasthof Kießling, Erlau
Ein Gasthof mit schattigem Gastgarten, der von Bambergern am Wochenende gerne aufgesucht wird und dann entsprechend voll ist. Dann auch warme Speisen, sonst nur kalte Brotzeiten in großen Portionen zu erfreulichen Preisen. Ganz ausgezeichnetes Pils vom Faß, bei dem man kaum umhin kann, ein zweites zu trinken (auch wenn man eigentlich weiter will zur nächsten Brauerei). Dienstag Ruhetag.

Bamberger Bierseligkeit: das Spezial

Brauerei-Gasthof Müller, Debring
Kleiner Landgasthof, Familienbetrieb mit Landwirtschaft, Brotzeiten, Pils vom Faß. Montag Ruhetag.

Gasthof Liechtensteiner Hof, Krug-Bräu, Stegaurach
Sehr großer Gasthof mit ausgedehnter Stammklientele. Große, sehr gemischte Speisekarte. Pils und helles Vollbier. Dienstag Ruhetag.

Bamberger Bierseligkeit: das Fässla

Weitere Gaststätten

Gasthof (ehemalige Brauerei) Windfelder, Stegaurach: Der Brauereibetrieb wurde stillgelegt, nicht eingestellt. Hoffen wir, daß er demnächst wieder aufgenommen wird. Brotzeiten, am Wochenende warme Speisen (besonders Karpfen). Montag und Donnerstag nachmittags Ruhetag.

7 Entlang der Rauhen Ebrach

Brauerei-Gasthof Kaiser, Grasmannsdorf

Das Tal der Rauhen Ebrach verbreitert sich bei Burgebrach, unterhalb der Mündung der Mittleren Ebrach. Der ursprünglich würzburgische, seit dem späten 14. Jahrhundert bambergische Markt liegt allseits von Wasser umgeben etwas oberhalb dieser verkehrstechnisch wichtigen Stelle. Vieles im Ort ist aus Mittelalter und früher Neuzeit erhalten, Türme und Tore der Stadtbefestigung (Mauern waren wegen der Wasserläufe nicht nötig), die schöne Ebrachbrücke, die Pfarrkirche mit barocker Inneneinrichtung und großer steinerner Ölberggruppe aus der Spätgotik vor dem Hauptportal.

Das Tal der Rauhen Ebrach, flach und an vielen Stellen sumpfig, wird von sanftwelligem Hügelland begleitet. Trotz der Flurbereinigung haben sich einige Hecken, haben sich Baumgruppen gehalten. Zwischen Ampferbach und Burgebrach kommen wir im Zwickel zwischen Rauher und Mittlerer Ebrach auch durch den Wald, aber wesentlich für unsere Wanderung sind die Acker- und Wiesengebiete, die kleinen Dörfer mit ihren nur von den Ortsansässigen besuchten Gaststätten, die in dieser Gegend vielfach noch eine Brauerei umfassen. Die Abstände zwischen den Brauereien mit Gastwirtschaft sind kurz, auch im heißesten Hochsommer besteht keine Gefahr des Verdurstens. Das ist wohl das Reizvollste an dieser Tour!

Die Wanderroute

Von der Brauerei Schwan im Ortszentrum von Burgebrach mit Verkehrsschild B 22 Bamberg aus dem Ort, bis rechts ein Fahrweg nach Försdorf abzweigt. Überqueren Sie die Bahntrasse und nehmen die erste Querstraße links. Bleiben Sie auf der Straße, dann einem Weg, später auf einem links von Gebüsch begleiteten Feldrain in immer gleicher Richtung, bis Sie Unterneuses erreicht haben, wo Sie links die Hauptstraße in den Ort nehmen. Die Brauerei Oppelt liegt rechts in der Straßenkurve vor der Brücke über die Rauhe Ebrach. Überqueren Sie den Fluß und folgen Sie der Straße bis knapp vor Oberharnsbach, nehmen Sie dann die querende Verbindungsstraße links in Richtung Grasmannsdorf, aber nur bis zum einzeln stehenden Feilshof. Dort nach rechts auf einen Fahrweg im flurbereinigten Gelände, erster Querweg links, dann wieder rechts und nach 80 m wieder links. Sie nähern sich einem schon weithin sichtbaren einzelstehenden Baum, den Sie nun links hinter sich lassen. In gleicher Richtung weiter nach Grasmannsdorf, im Ortszentrum links das Brauhaus und gegenüber das Gasthaus Kaiser.

Von Grasmannsdorf nehmen Sie das Verbindungssträßchen nach Dietendorf und queren dort die Rauhe Ebrach nach Ampferbach. Gehen Sie nach Besuch der Brauerei Hermann etwa 100 m in Richtung Burgebrach, Sie finden dann rechts den Hang hinaufführend einen markierten Weg zur Ruine Windeck (Markierung: Storch). Von der Ruine führt ein ebenfalls markierter Weg (Specht und Storch) hinunter durch den Wald und später durch Felder und Wiesen nach Burgebrach. Wer den Sommerkeller der Brauerei Hermann besuchen will, geht vom Ort aus etwa 500 m in Richtung Burgebrach und verwendet dann den Hohlweg hinter den Kellern, um zur Ruine zu gelangen.

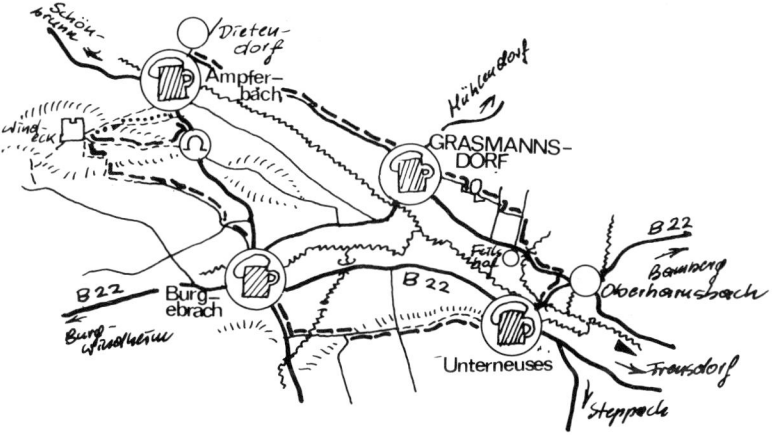

Dauer der Wanderung: 3½ bis 4½ Stunden. Wanderkarte: Top. Karte 1 : 50000, Blatt L 6130 Bamberg oder Top. Karte 1 : 50000, Naturpark Steigerwald, Blatt Nord.

Die Gaststätten mit Privatbrauerei

Die Brauereigaststätten dieser Route sind traditionelle Familienbetriebe mit Landwirtschaft und weiteren Einnahmequellen (Brennerei, Holzwirtschaft, Nebenerwerb in der Industrie). Noch bis vor kurzem existierten in jedem Ort mehrere Brauereien, die zweite Brauerei in Ampferbach hat erst 1957 zugemacht, die zweite Brauerei in Unterneuses verwendet noch die alten Bierdeckel, hier wurde der Brauereibetrieb erst 1980 geschlossen. Obwohl die B 22 von Würzburg nach Bamberg durch unser Gebiet führt, ist es doch ein recht verkehrsfernes Gebiet, der Durchgangsverkehr wurde über einen großzügig ausgebauten Zubringer auf die Autobahn Nürnberg-Würzburg geleitet, der Bamberger Ausflugsverkehr wird schon an der Aurach abgefangen oder führt in die bewaldeten Steigerwaldzonen im Westen unseres Wandergebietes. So hat sich trotz der obligaten Betriebsstillegungen der Sechziger- und Siebzigerjahre im Windschatten der Entwicklung ein Stück traditionelles Dorfgasthausleben halten können. Besonder deutlich wird das in Unterneuses und im Schwan von Burgebrach, der immerhin mitten in einem zentralen Marktort steht. Im Schwanen sind die Sechzigerjahre noch nicht angebrochen.

Winterlandschaft an der Rauhen Ebrach (Grasmannsdorf)

Brauerei-Gasthof Kaiser, Grasmannsdorf
Das schöne Haus mit seinen großen alten Bäumen im Vorgarten, der bei Sommerwetter bewirtschaftet wird, ist eine richtige Dorfwirtschaft. Die Gäste kennen einander, aber Fremde werden nicht isoliert, wie das in manchen Orten vorkommt, sondern freundlich ausgefragt nach dem Woher und Wo-

hin und Beruf, und nach einigem Hin und Her kommt man auf's Bier und auf's Wetter und dann hat der Gast schon fast das Gefühl, ein bißchen dazuzugehören.

Die Wirtschaft ist seit etwa hundert Jahren im Familienbesitz, der junge Wirt führt sie im traditionellen Stil. Es gibt warmes und kaltes Essen, die Brotzeiten sind gut und reichlich, in der hellen Stube oder draußen schmeckt das ganz ausgezeichnete Pils. Zur Kirchweihzeit am dritten Sonntag im August wird groß aufgetischt, ebenso beim großen Karpfenessen am zweiten Sonntag im Oktober. Samstag Ruhetag.

Der Schwan in Burgebrach hat sich die Atmosphäre eines traditionellen Einkehrsgasthofes erhalten

Brauerei-Gasthof Schwan, Burgebrach

Der Schwanen ist ein altmodisches Haus, mitten am Platz, ein altes Haus, eine große alte, helle Stube mit hoher Decke, große Tische, warmgetönter Holzboden. Bier wird ausgeschenkt, ausgezeichnet schmeckendes Vollbier, sonst gibt's nichts. Ob wir etwas zur Brotzeit haben können? Die freundliche Wirtin verweist uns zum Metzger ein paar Häuser weiter: »Könnt's Euch von dort was mitbringen!« was wir dann auch tun (der Metzger ist darauf eingestellt und hat sehr gute Ware, auch warmen Leberkäs und ähnliche Genüsse). So sitzen wir denn bei unserer mitgebrachten Brotzeit und genießen das frische Bier, der Hund wird von der Wirtin gefüttert, wir werden vom Nebentisch in ein Gespräch verwickelt — wir mögen den Schwanen. Aber nichts für große Gruppen, nichts für Leute, die noch viel vorhaben. Man hat Zeit im Schwanen, die müssen Sie aber schon selber mitbringen, sie ist nicht käuflich. Samstag Ruhetag.

Brauerei-Gasthof Hermann, Ampferbach
Das unscheinbare Anwesen liegt am Ortsausgang in Richtung Dietendorf. In der Eingangshalle freut man sich über die schöne Balkendecke. Ein Gastzimmer und das schmale Nebenzimmer erwarten durstige Gäste. Die freundliche alte Wirtin und ihre ebenso freundliche Tochter machen den Aufenthalt angenehm. Brotzeiten werden hier und an schönen Sonntagen während des Sommers auf dem schattigen Keller an der Burgebracher Straße serviert. Zu den Brotzeiten gibt es ein ziemlich dunkles, herbes Lagerbier, das etwas stärker und schäumiger ist, als andere Lagerbiere, es schmeckt etwa so wie das Lagerbier in der Brauerei Friedel in Schnaid. Leider keine eigenen Bierdeckel, sondern neutrale Untersetzer. Dienstag Ruhetag.

Brauerei-Gasthof Oppelt, Zur Post, Unterneuses
Sehr kleine Brauerei, gemütliche Gaststube mit schönem Kachelofen. Brotzeiten, helles Lagerbier. Kein Ruhetag.

Weitere Gaststätten

Gasthaus (Brauerei) Werner, Ampferbach: Das Bier dieser Ende der Fünfzigerjahre stillgelegten Brauerei wird von der Brauerei Wernsdörfer in Schönbrunn bezogen. Brotzeiten, Felsenkeller an der Straße nach Burgebrach.

Gasthaus Fischer, Unterneuses: Hier wurde noch bis Ende der Siebzigerjahre gebraut, die alten Bierdeckel werden noch verwendet. Freundliche Bedienung, Brotzeiten.

8 Durch den Kappler Wald

Brauerei-Gasthof Ibel, Kappel

Burgwindheim, unser Ausgangs- und Zielpunkt, ist noch recht wenig touristisch geprägt, ein reizvoller Pfarrort mit prächtigem Amtsschloß des Klosters Ebrach aus den Jahren 1720 bis 1725, der Heiligblutkapelle des ausgehenden 16. Jahrhunderts und dem alten Wohnsitz des Ebracher klösterlichen Richters, dem heutigen Brauereigasthof zum Löwen. Die Wanderung über Kappel in den Kappler Wald, nach Oberweiler und zurück ist reizvoller Waldspaziergang und Lehrgang über die Auswirkungen des sauren Regens: Obwohl der Steigerwald derzeit noch zu den weniger betroffenen Waldgebieten der Bundesrepublik gehört (im Gegensatz etwa zum Fichtelgebirge oder zum Nürnberger Reichswald), sind doch alle Schadanzeichen deutlich zu sehen: verfärbte und kurze Nadeln, Nottriebe und vor allem Naßkerne im Stammesinneren, die Sie überall dort erkennen können, wo Stapel von Stammholz liegen. Nur etwa jeder hundertste der gefällten Bäume ist noch gesund. Wird die nächste Generation noch im Schatten des Steigerwaldes wandern können?

Die Wanderroute

Von Burgwindheim auf der Straße nach Aschbach am Schloß vorbei und über die Mittelebrach. Jenseits biegt links ein Sträßchen ab, hier Wegschilder und die Markierungen Buchenblatt und Elster, wir nehmen den mit beiden Zeichen beschilderten Weg nach Kappel. Dort an der Brauerei Ibel vorbei zur Hauptstraße und jenseits auf ein Asphaltsträßchen. Hier finden Sie Informationstafel und Hinweisschilder (»Kappler Wald«). Das Asphaltsträßchen führt zum Waldrand, als Schottersträßchen weiter zu einem Waldparkplatz.

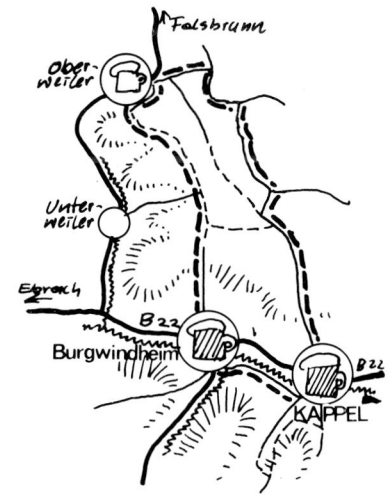

Hier wieder Hinweisschilder, nehmen Sie den nach halbrechts abzweigenden Weg, der mit den Zeichen Fuchs und Milan markiert ist. Er führt durch Wald bis zu einer Kreuzung, wo Sie links ein hölzernes Unterstandshäuschen, Tische und Bänke sehen. Hier nach links (Specht und Fuchs, Hinweisschild »Rundweg Oberweiler«) bis fast zum Waldrand, dort nicht nach rechts, sondern wenige Meter nach links und wieder nach rechts auf ein Waldrandsträßchen. Beim ersten Betonplattenweg nach links ohne Markierung hinunter nach Oberweiler.

In Oberweiler durch das Anwesen der ehemaligen Brauerei Oppel hindurch und auf Asphaltsträßchen halbrechts den Hang hinauf. Wo Sie den Waldrand erreichen, führt ein Flurbereinigungssträßchen nach links, quert eine Lichtung und endet beim nächsten Waldrand, vor dem wir uns links halten.

Das barocke Schloß von Burgwindheim war Amtssitz der Ebracher Pfleger

Der Weg wird schlechter, ein Knick des Waldrandes nach links läßt ihn in der Wiese enden. Hier führt ein noch schlechterer Weg in den Wald hinein, direkt hinunter zum Bach und über einen kleinen Steindamm jenseits auf altem Weg wieder hoch. Dieser Weg führt durch einen sehr feuchten Waldteil, auf dem tonigen Untergrund tritt überall Wasser aus, viele Farne. Bei einer großen Lichtung bleiben Sie am rechten Waldrand, wenn Sie wieder in den Wald eintreten, verfolgen Sie dieselbe Richtung. Wenn Sie nun aus dem Wald wieder heraustreten, haben Sie Burgwindheim unter sich, der Weg führt über Obstbaumhänge direkt hinunter in's Tal zu Ihrem Ausgangspunkt.

Dauer der Wanderung: 2 bis 2 ½ Stunden. Wanderkarte: Top. Karte 1 : 50 000, Blatt L 6128 Gerolzhofen oder Top. Karte 1 : 50 000, Naturpark Steigerwald, Blatt Nord.

Die Brauerei Ibel in Kappel, freundlicher Ausgangspunkt für eine schattige Waldwanderung

Die Gaststätten mit Privatbrauerei

Brauerei-Gasthof Ibel, Kappel

Der Brauereigasthof an der Straße Burgwindheim-Burgebrach ist ein recht unscheinbarer Bau. Erst wenn man hinter's Haus tritt, bemerkt man die Nebengebäude, das Brauhaus, erkennt man die Größe des Anwesens. Hier wird nicht nur gebraut, sondern auch Limonade hergestellt, und das sogar in den altmodischen Bügelverschlußflaschen.

Die Gaststube mit Holzbalkendecke und grünem Kachelofen hat eine unbestimmbar freundliche Atmosphäre. Vielleicht kommt's auch von den Wirtsleuten, besonders von der Wirtin (die den Hund als »Schnappi« bezeichnet, sich vor ihm wie vor allen Hunden fürchtet, wie sie sagt, die ihn aber dennoch in der Stube akzeptiert). Oder von den Brotzeiten? Die Hausplatte ist so wie das Wurstbrot besonders ausgiebig und hübsch auf Holzteller angerichtet. Das recht voll schmeckende Vollbier ist gut gehopft. Kein Ruhetag.

Brauerei-Gasthof Löwenbräu, K. Zahnleiter, Burgwindheim
Der stattliche, weißgetünchte Brauereigasthof mit seinen roten Fenster- und Türfassungen steht im Zentrum der Ortschaft. Wer die paar Stufen zur Eingangstür hinaufsteigt, sieht sich in einer gemütlichen Gaststube, in der ein helles Vollbier und ein recht angenehmes Märzen ausgeschenkt werden. Schnäpse aus eigener Brennerei, Brotzeiten. Mittwoch Ruhetag.

Weitere Gaststätten

Gasthof (ehemalige Brauerei) Oppel, Oberweiler: Trabelsdorfer Schloßbräu, Brotzeiten.
Gasthof Goldener Hirsch, Burgwindheim: Biere der Brauerei Zehendner, Mönchsambach

9 Von Schlüsselfeld zum Dreifrankenstein

Brauerei-Gasthof Ritter, Heuchelheim

Schlüsselfeld liegt gewissermaßen mitten in Franken. Wenn wir von Heuchelheim auf den Höhenzug zwischen der Reichen Ebrach und der Haslach hinaufsteigen, treffen wir auf den Dreifrankenstein. Hier grenzen die drei Regierungsbezirke Frankens aneinander und hier treffen sich auch die Einflußbereiche von Bayreuth und Bamberg, Ansbach, Nürnberg und Würzburg. Durch das Tal der Reichen Ebrach, an Schlüsselfeld und Heuchelheim vorbei, führt die Autobahn Nürnberg — Würzburg, das große Verkehrsbindeglied quer über den Steigerwald. Aber die Lage »mitten in Franken« täuscht, die Orte sind nach Osten ausgerichtet, nach Erlangen, Forchheim, Nürnberg und brauereitraditionsmäßig ganz eindeutig nach Bamberg. In der Stadtgeschichte hat sich andererseits die Mittenlage ganz deutlich niedergeschlagen: Als das Reichslehen der Schlüsselberger 1349 aufgeteilt wurde, da teilten der Bamberger und der Würzburger Bischof die Ortschaft unter sich auf, erst später kam Schlüsselfeld ganz zu Würzburg, nach 1810 unter bayerischer Fahne zu Höchstadt an der Aisch und damit Mittelfranken. Die Bauten der Stadt, Stadttor, Amtshaus, Pfarrkirche, Rathaus erinnern heute noch immer an die würzburgische Zeit.

Unsere Wanderung ist anstrengend, aber nicht wegen der Entfernungen und der Höhenunterschiede, sondern weil wir insgesamt vier Brauereigaststätten auf unserer Route haben! Am besten beginnt man in Schlüsselfeld mit einer tüchtigen Stärkung, beispielsweise im Sternbräu am Kirchenplatz. Das dürfte dann bis Heuchelheim reichen, wo Sie in der Brauerei Ritter Bier und Brotzeit bekommen. Von dort bis nach Burghaslach ist's am weitesten, so daß Sie in der Brauerei Finster wieder was Stärkendes verdient haben. Und wenn Sie nach Schlüsselfeld zurückgekehrt sind, erwartet Sie am Marktplatz das Adler-Bräu mit Bier und Brotzeit!

Die Wanderroute

In Schlüsselfeld auf der Aschbacher Straße durch das hohe Stadttor aus der Stadt hinaus. Nach etwa 250m biegt links die »Grabengrundstraße« ab, der Sie über die Reiche Ebrach folgen. Direkt vor der Autobahn biegt rechts ein Feldweg ab, der zum Weiler Rambach führt und weiter nach Heuchelheim.

Derzeit sind auf der Strecke Rambach-Heuchelheim Straßenarbeiten im Gange, sie werden jedoch voraussichtlich im Frühjahr 1985 abgeschlossen sein. In Heuchelheim müssen Sie, um die Brauerei Ritter zu finden, nach rechts über die Ebrach. Nachher wieder zurück in den eigentlichen Ort, wo Sie in der alten Richtung bis zur Kirche gehen und dann links auf einen asphaltierten Fahrweg abbiegen, der Sie unter der Autobahn hindurch und jenseits schräg rechts den Berg hinaufführt. Markierung »Rundweg Dreifrankenstein«, Zeichen ist ein Roter Milan. Auf der Hochfläche angelangt, wenden Sie sich zunächst nach rechts, wo Sie bald den (modernen) Dreifrankenstein finden.

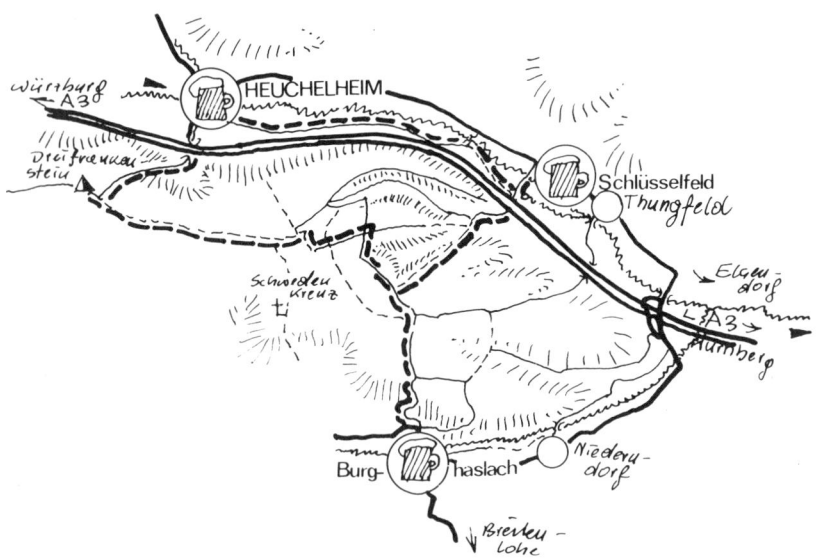

Wenden Sie wieder und gehen Sie nun auf dem mit blauem Kreis und Balken markierten Weg immer auf dem Bergrücken in Richtung Osten. An einer Stelle, etwa 2,5 km nach dem Frankenstein, macht der Weg am Waldrand in einem Tälchen eine abrupte Rechtskurve, steigt im Wald zu einem weiteren Rücken hinauf und verläuft dort etwa 600 m in der alten Richtung auf einem geschotterten Waldsträßchen. An einer Straßenkreuzung mitten im Wald weist Sie ein Schild auf den Waldlehrpfad nach rechts, die Zeichen sind »N« für Naturlehrpfad und grüner Kreis mit Balken. Ein Hinweisschild mit »Neustadt/Aisch, Waldspielplatz/Burghaslach« sollten Sie ebenfalls finden, daneben gibt es weitere Markierungen. Hier nicht geradeaus dem Waldlehrpfad folgen, sonst kommen Sie nach Schlüsselfeld!

Schlüsselfeld ist neben Scheinfeld die einzige Stadt im Steigerwald

Der Waldlehrpfad führt durch feuchtes Gelände und ist immer gut markiert. Wo er ganz knapp hinter einer Kreuzung zweier Waldstraßen nach links weist, werden Sie später Richtung Schlüsselfeld wandern, jetzt aber bleiben Sie in der eingeschlagenen Richtung. Die Markierung ab hier ist grüner Kreis mit Balken, sie führt sie nach zwei Richtungsknicks nach Burghaslach, wo Sie die Haslach überqueren müssen, um zur Brauerei Finster zu gelangen. Nach dem Brauereibesuch wieder zurück über die Haslach und den Berg hinauf, auf demselben Weg, den Sie heruntergekommen waren. Wo Sie den Waldlehrpfad erreichen, biegen Sie rechts ab, das »N« dieser Markierung führt Sie durch den Wald auf eine Schotterstraße, der Sie unter der Autobahn hindurch nach Schlüsselfeld folgen können.

Dauer der Wanderung: 3½ bis 4½ Stunden. Wanderkarte: Top. Karte 1 : 50000, Blatt L 6328 Scheinfeld oder Top. Karte 1 : 50000, Naturpark Steigerwald, Blatt Süd.

Die Gaststätten mit Privatbrauerei

Wollte man dem äußeren Erfolg rechtgeben, dann müßte man akzeptieren, daß sich die Aufgabe der Brauerei und die Ausweitung der Gastwirtschaft mit Fremdenbeherbergungsbetrieb letztlich lohnen. Der Gasthof Amtmann-Bräu, der noch bis vor kurzem eine Brauerei besaß, schmückt sich immer noch mit dem Titel »Bräu« und läßt in seinem Hausprospekt die Frage offen, ob hier noch gebraut wird oder nicht, im Zweifelsfall muß der Gast annehmen, es werde noch gebraut. Aber in der pseudo-bäuerlichen, neu-rustikalen Gaststube wird das Bier eines Nürnberger Großbrauers ausgeschenkt, ein weithin bekanntes, aber jedenfalls alles andere als individuelles Bier. Die Speisekarte ist danach: für jeden etwas, die Summe aller Abweichungen vom Mittelwert ergibt Null. Aber es hat sich rentiert, die Gasträume sind voll, während beim Adler oder im Sternbräu am Kirchplatz je ein Zecher zu finden sind. Amtmann-Bräu hat warmes Mittagessen à la carte, damit kann weder das Sternbräu mit seiner einen warmen Speise »für die Arbeiter« noch das Adlerbräu (kalte Küche) mithalten. Ist das die Alternative? In Heuchelheim sieht man, wie es sein könnte, der Ritter hat Privatbrauereibier, warmes Essen oder kalte Brotzeiten werden angeboten, aber es fehlt der Kundenkreis, denn Heuchelheim ist ein Dorf und zwei Getränkemärkte beißen der Brauerei langsam aber sicher den Lebensfaden ab, der halt aus Kunden besteht, die essen und trinken. Aber wenn nicht sehr bald die Kundenzahlen steigen, auch mal während der Woche was zu essen verkauft wird, dann wird der Ritter den Braubetrieb stillegen und das Bier der Konkurrenz ausschenken. Der Ritter hat alle Voraussetzungen für Erfolg, ein gutes Bier, gutes Essen, auch warme Mahlzeiten während der Woche, exzellente hausgeräucherte Brotzeiten, eine freundliche Bedienung, hinter dem Haus wäre Platz für ein paar Tische und Bänke. Aber die Kunden fehlen — schauen Sie vorbei, wenn Sie beim nächsten mal in die Gegend kommen, von der Autobahnabfahrt Schlüsselfeld ist es ein Katzensprung nach Heuchelheim!

Brauerei-Gasthof Ritter, Heuchelheim
Die freundliche, gesprächige Wirtin macht den Aufenthalt im Ritter sehr angenehm. Der Sohn kommt gerade vom Viehmarkt zurück, er hat nichts gekauft, die Preise waren zu hoch, das ist eine kurze Ablenkung für sie, dann wendet sie sich wieder den Gästen zu, die am Nachmittag, zur Flautezeit, hereingeschneit sind. Die kalte Platte hat sie mit selbstgeräucherter Leberwurst und eigenem Pressack belegt, dazu Dosenwurst und Gurken, Schinken gibt's heute keinen, er hängt noch im Rauch, man sieht von der Gaststube aus, daß der Räucherofen in Betrieb ist. Warmes Essen gibt's auch an Wochentagen, mal Nudeln mit Ei, mal Jägerschnitzel, oder Fleischküchle, eine Eierspeise mit Schinken oder auch Pasta Asciutta. Das Bier ist ein helles, weiches Vollbier, recht schäumig, gut gehopft, voll im Geschmack. Sie können es als Faßbier in 18- und 20-l-Fässern mitnehmen. Kein Ruhetag.

Gasthof Krone, Biere der Brauerei Finster, Burghaslach
Zwischen der Brauerei Finster und dem Gasthof Krone, der von der Familie Kleinlein bewirtschaftet wird, steht eine große Kastanie neben einem Riesenexemplar von Flieder. Darunter ein paar Tische und Bänke, der Blick geht auf den Platz vor den beiden Häusern, der Verkehr besteht aus einem Auto alle fünf Minuten. Man trinkt das gute Pils vom Faß, aber auch das helle Vollbier dürfte seine Abnehmer finden. Schinkenbrot und Bratwürste sind der Schnitzel- und Schaschlik-Küche der Speisekarte wahrscheinlich vorzuziehen, es gibt einige warme Speisen und Brotzeiten. Für Rauchbierfreunde wird Schlenkerla-Rauchbier ausgeschenkt, für Obstwasserfreunde empfehlen sich die selbstgebrannten Wässer (auch die Brauerei hat eigene Schnäpse, wie ein Blick in's Fenster zeigt). Dienstag Ruhetag.

Brauerei-Gasthof Zum Adler, Schlüsselfeld
Auf dem Schlüsselfelder Marktplatz ist der behäbige Bau des Brauerei-Gasthofs Zum Adler der Familie Amtmann (das gleichnamige Amtmann-Bräu existiert nur noch dem Namen nach) nicht zu übersehen. In der großen Gaststube und im Sommer an Tischen vor der Tür wird ein sehr gut gehopftes, volles Bier vom Holzfaß serviert. Das »Helle« ist ein recht schön kupfer-

farbiges Vollbier, ausgewogen im Geschmack, mit festem, lang anhaltendem Schaum. Ein ausgezeichnetes Bier! Dazu Brezen oder Brotzeiten. Kein Ruhetag.

Die sympathische Wirtin in der Brauerei Ritter in Heuchelheim wollte sich partout nicht fotografieren lassen

Brauerei-Gasthof Sternbräu, Schlüsselfeld
In der freundlichen Brauereigaststube des alten Hauses am Kirchplatz serviert Ihnen die nette Wirtin zum warmen Mittagessen oder zu den Brotzeiten ein gutes helles Vollbier. Die ehemalige Kommunbrauerei hat ihr Brauhaus schräg gegenüber, ebenfalls auf dem Kirchplatz. Kein Ruhetag.

64

10 Von Oberscheinfeld nach Scheinfeld —
die Grafschaft Schwarzenberg

Brauerei-Gasthof Rückel, Oberscheinfeld

Wer das eindrucksvolle Palais Schwarzenberg im ersten Wiener Gemeindebe-
zirk kennt, meint, es müsse sich um das Stadtpalais einer im habsburgischen
Kronland angesiedelten Familie handeln. Die Schwarzenberg sind aber ein
fränkisches Adelsgeschlecht, seit 1566 Herren der selbständigen Grafschaft
Schwarzenberg, mit Stammsitz auf dem heutigen Schloß gleichen Namens
oberhalb der Stadt Scheinfeld. Erst 1852 verlegten sie ihren Sitz nach Wien,
wurden sie zu einem österreichischen Fürstengeschlecht mit vielen Besitzun-
gen, besonders in der Steiermark, ohne jedoch ihre fränkische Grafschaft
aufzugeben.
Auf unserer Wanderung durchqueren wir den ausgedehnten Schwarzenber-
ger Wald, besuchen das imposant gelegene Schloß mit seiner wunderschönen

Das Schloß der Schwarzenberg liegt auf einer aussichtsreichen Kuppe oberhalb von
Scheinfeld

Renaissancefassade (die Innenausstattung ist leider 1945 zerstört worden), werfen einen Blick in Kirche und Gnadenkapelle des von den Schwarzenbergern gestifteten heutigen Franziskaner-Minoritenklosters Schwarzenberg im Ortsteil Klosterdorf und durchstreifen schließlich das seit 1405 von den Schwarzenberg geprägte Scheinfeld. Die Südfront des Schlosses, das Votivbild der Passauer Cranach-Madonna von etwa 1670 in der Gnadenkapelle der Klosterkirche und die Bürgerhausfassaden der Hauptstraße in Scheinfeld sind die optischen Höhepunkte.

Weitere Höhepunkte? Die freundliche Wirtsstube der Brauerei Rückel, die Aussichtswarte auf der Ruine Scharfeneck, die lange Waldwanderung zwischen Scharfeneck und Schwarzenberg mit ihren Eichen, Buchen, Hainbuchen und der reichen Bodenflora (bei der Ruine Scharfeneck blühen im Mai nebeneinander Bärenlauch und Aronstab), der Walldürner Blutwunderbildstock bei der Schloßmühle, die Stille auf den Karrenwegen zwischen Scheinfeld und Oberscheinfeld, überall gibt es Bildstöcke, Wegkapellen (besonders schön in Herpersdorf jenseits des Baches), reizvolle Wohnhausarchitekturen. Genug für mehr als einen Tag!

Die Wanderroute

Vom Platz in Oberscheinfeld mit Brauerei Rückel und der leider nicht mehr eigenes Bier produzierenden ehemaligen Brauerei Münich auf dem Sträßchen in Richtung Prühl. Am Ortsende links schöner Bildstock. Bei der ersten Straße rechts zur Schloßmühle unterhalb des Schloßberges, auf dem sich die Ruine Scharfeneck befindet. Wegweiser und Markierung mit blauem Dreieck. Nach der Mühle links. Wenn der Weg in den Wald eingetreten ist, nach rechts hoch und in einer Viertelstunde zur Ruine Scharfeneck. Den Schlüssel müssen Sie sich vorher in der Brauerei Rückel besorgen, sonst können Sie den Bergfried, der in den Sechzigerjahren als Aussichtsturm hergerichtet wurde, nicht besteigen. Rechts unterhalb der Ruine wieder Wegweiser, blaues Dreieck, das Sie zum Hauptweg auf dem parallel zum Scheintal verlaufenden Steigerwaldkamm führt. Dort rechts immer durch Hochwald mit roter Doppelkreuzmarkierung bis vor den Schloßeingang von Schwarzenberg. Unterwegs kleine Lichtung, die »Einsiedelei« an einem kurzen Asphaltstraßenstück.

Von Schloß Schwarzenberg wieder auf roter Doppelkreuzmarkierung auf Fahrstraße nach Klosterdorf, dort Kloster Schwarzenberg mit Klosterkirche und Gnadenkapelle (durch den Hochaltar der Kirche hindurch zu betreten). Gehen Sie wieder vor die Hauptfront der Kirche, wenige Meter nach den links vor Ihnen stehenden Häusern biegt ein Waldsportpfad nach links ab, der Sie durch das schmale Bachtälchen zur Verbindungsstraße Schloß-Scheinfeld und in den Ort hineinführt.

In Scheinfeld führt eine Straße an der Kirche vorbei und aus dem Ort hinaus in Richtung Grappertshofen. Unser Weg nach Oberscheinfeld folgt nun immer der linken Seite des Scheintales, wobei wir nach dem ersten Kilometer kaum noch Verkehr haben. Wo die Fahrstraße nach Grappertshofen über den Bach nach links zieht, bleiben wir geradeaus, erreichen Schnodsenbach, ein Brückchen führt für den Bach und in gleicher Richtung zunächst, dann dem Bachlauf nach rechts folgend, führt ein Fahrweg nach Herpersdorf, dort findet sich leicht rechts versetzt bei einem Kapellchen die Fortsetzung des Weges, der uns schließlich nach Oberscheinfeld zurückbringt. Dauer der Wanderung: 5 bis 6 Stunden (ohne Besichtigungen). Wanderkarte: Top. Karte 1 : 50000, Blatt L 6328 Scheinfeld oder Top. Karte 1 : 50000, Naturpark Steigerwald, Blatt Süd.

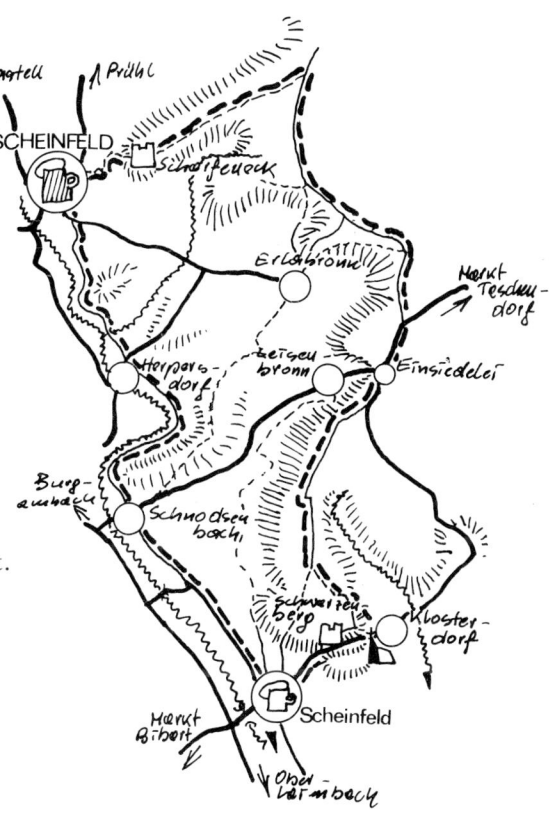

Die Gaststätten mit Privatbrauerei

Wie man bei der ehemaligen Brauerei Münich in Oberscheinfeld sieht, wurden noch in den Sechzigerjahren umfangreiche Investitionen für die Brauerei getätigt, die nun ungenutzt verkommen. Das ist nicht selten, wir beobachten es in manchen Gebieten unseres Wanderlandes, aber es ist dennoch bedauerlich, weil durch die Brauereistillegungen nicht nur wertvolle kulturelle Tradition und damit ein bißchen von der Substanz des fränkischen Bewußtseins verlorengeht, sondern auch noch nicht annähernd bekannte materielle Werte ungenutzt verrotten. Sicher war der Verfall der Brauereikultur nicht aufzuhalten, aber genau so sicher hätte dieser mittelständische Wirtschaftszweig in seiner Eigenständigkeit gefördert und vor der Konkurrenz der übermächtigen Großanbieter geschützt werden müssen. Mittlerweile kann man nur noch konstatieren, daß es vielleicht schon zu spät ist.

Von den drei Brauereien auf dem Marktplatz in Oberscheinfeld braut heute nur noch der Rückel

Brauerei-Gasthof Rückel, Oberscheinfeld

Zu schade, daß der Rückel kein warmes Essen hat, man würde zu seinem Pils und Vollbier in der hellen Wirtsstube manchmal auch gerne eine warme Mahlzeit verzehren! Das alte Haus ist gut in Schuß, die schweren Tische und die Rundumbank geben neben den freundlichen Wirtsleuten viel gemütliche Atmosphäre. Pils und Vollbier vom Faß sind gut, beide gibt es, wie auch ein

Im Wald unterhalb der Ruine Scharfeneck blühen im Mai Bärlauch und Aronstab

Dunkles, in Flaschen. Der Wirt füllt auch Mineralwasser ab, als glücklicher Besitzer einer Quelle unter dem Schloßberg. Kein Ruhetag. Gegenüber die ehemalige Brauerei Münich (Loscher Bier).

11 Von Gerolzhofen nach Michelau

Brauerei-Gasthof Weinig, Gerolzhofen

Ein Teil unserer Wanderung erfolgt auf uralten Verkehrswegen: Von Gerolzhofen folgen wir auf den Steigerwaldkamm hinauf der alten Hohen Straße, dem ältesten Verkehrsweg zwischen Würzburg und Bamberg. Der Heilige Otto soll diesen Weg genommen haben, als er 1003 nach Bamberg zog. Die Hohe Straße stammt wohl noch aus keltischer Zeit und zahlreiche Hünengräber des ersten Jahrtausends vor Christus, die immer wieder den heutigen Wanderweg säumen — allerdings außerhalb unserer heutigen Route — geben davon noch sichtbares Zeugnis. Die Besiedlung des Steigerwaldes erfolgte von den Tälern aus, Michelau etwa wurde im neunten Jahrhundert als »Saudaraha« (der heutige Saudrachshof) erwähnt. Als die Siedlung durchgehende Verkehrsverbindungen in den Steigerwaldtälern geschaffen hatte, verfiel die Hohe Straße, wurde sie zum unbedeutenden Waldweg.

Während der Rodungsphase des Steigerwaldes im 11. und 12. Jahrhundert gingen die grundherrlichen Unternehmungen von den alten Orten des Vorlandes aus. Gerolzhofen wurde schon um 750 als »Geroltshova« erwähnt, die Fürstbischöfe von Würzburg hatten hier im Mittelalter ihren Verwaltungssitz. Gerolzhofen hat noch stark mittelalterliche Züge, Mauerring und 13 Befestigungstürme, Kirchen, Rathaus, Amtsgebäude des bischöflichen Stadtvogts sind mittelalterliche und Spätrenaissance- bis Barockbauten.

In Michelau sollten Sie sich die (unübersehbare) Pfarrkirche ansehen, sie wurde 1738 bis 1741 unter Leitung Balthasar Neumanns fertiggestellt. Von Michelau geht's durch das stille Volkachtal an vier Mühlen vorbei zurück nach Gerolzhofen — nicht immer hat man im flurbereinigten Gelände die Verbindungswege asphaltiert, wie Sie aufatmend zumindest auf einem Teil der Strecke feststellen können!

Die Wanderroute

Von Gerolzhofen auf der Dingolshauser Straße hinaus bis nach der Klesenmühle, wo rechts ein asphaltiertes Sträßchen mit dem Namen »Lindelachsmühle« abzweigt, ein Informationsschild zeigt Ihnen hier die Wanderwege der Umgebung. Folgen sie nun diesem Sträßchen, der Lindelachshof bleibt rechts, der Neue See kommt in Sicht und bleibt links, am Waldrand endet die

Asphaltierung. Links geht ein Trimmpfad in den Wald, wir aber nehmen den Weg geradeaus, der mit blauem Kreis und Balken markiert ist (Fernwanderweg nach Burgebrach). An dieser Stelle steht eine schöne Marter von 1606. Die Markierung führt durch Wald auf einen Kamm, der an der Südseite von den Abtswinder Weinlagen eingeommen wird — schöne Aussicht! Wieder in den Wald, dann ein Sträßchen und das Erholungsheim Waldesruh. Jenseits mit gleicher Markierung auf's Murrleinsnest (Aussichtsturm), jenseits bergab ganz kurz auf derselben Markierung (ca. 150 m), dann mit Markierung blaues Dreieck auf den linken Weg (nördlich) in Richtung Michelau, das Sie in etwa zwanzig Minuten erreichen.

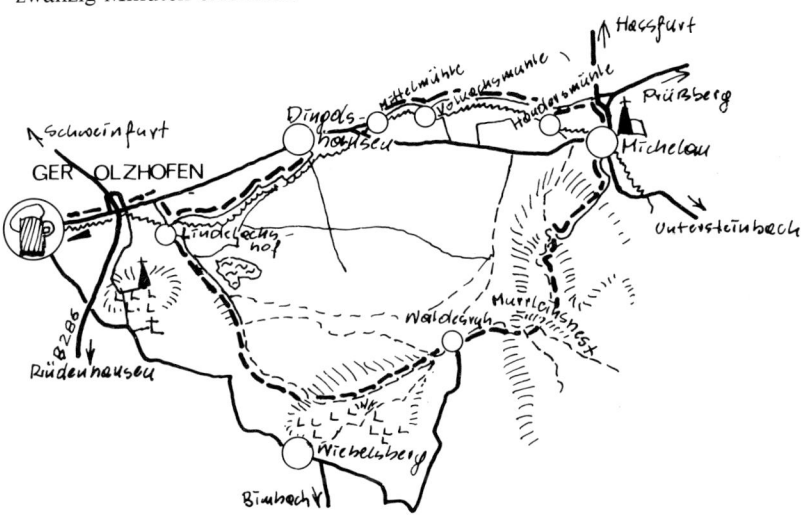

In Michelau zur Kirche und dann die eingeschlagene (Hundelshausener) Straße weiter bis zur Gabelung, wo Sie sich links, weiter in Richtung Hundelshausen halten (an dieser Stelle schöner Bildstock). Bei der gleich folgenden Kreuzung mit einem im rechten Winkel zur Straße verlaufenden Feldweg halten Sie sich links. Der Weg führt Sie rechts der Volkach nach Dingolshausen, das Sie fast durchqueren. Knapp vor der Kirche zweigt links die Schloßsteige ab (Schild, Hinweis »Sportgelände«), dann rechts ein Fahrsträßchen zum Sportplatz. Hinter dem Sportplatz rechts und gleich wieder links auf einen Feldweg, der an einigen Weihern entlang zurück zum Lindelachshof und nach Gerolzhofen führt.
Dauer der Wanderung: 3 ½ bis 4 ½ Stunden. Wanderkarte: Top. Karte 1 : 50000, Blatt L 6128 Gerolzhofen oder Top. Karte 1 : 50000, Naturpark Steigerwald, Blatt Nord.

Die Gaststätten mit Privatbrauerei

Zwar gibt es in der Umgebung von Gerolzhofen eine weitere Privatbrauerei, und zwar die Brauerei Düll in Krautheim bei Volkach. Die Größe dieser Brauerei, die weitum Zapfenwirte beliefert, übersteigt jedoch die von uns gesetzten Grenzen der Beschreibung in diesem Buch, das doch vor allem den Familienbetrieben gewidmet ist, in denen Gastwirtschaft und Brauerei noch eine Einheit bilden.

Von der Kapelle auf dem weinbestockten Kapellberg oberhalb von Gerolzhofen blickt man auf den steilen Abfall des Steigerwaldes rund um das Murrleinsnest

Auch andere Orte der näheren und weiteren Umgebung hatten bis vor kurzem noch Brauereien aufzuweisen, auch in Dingolshausen finden Sie eine ehemalige Brauerei, aber hier im Unterfränkischen war das Brauereisterben fast so stark wie im Nürnberger Raum. Nur wenige Kleinbrauer haben der Versuchung der Großbrauereiangebote widerstanden und es vorgezogen, ihr eigenes Bier weiter zu brauen. Halten wir ihnen den Daumen, daß es sich rentiert!

72

Brauerei-Gasthof Weinig, Gerolzhofen

Freundliches altes Haus, ebenso freundliche, mit einigem Aufwand rustikal renovierte Gaststube nicht ohne Ausstrahlung. Flotte Bedienung. Im Hof einige Tische und Bänke, aber nicht sonderlich einladend. Vor dem Haus kann wegen der zentralen Lage nichts aufgestellt werden, schade. Oder könnte man nicht vielleicht doch ein paar Tische...?

Die Stube des Brauerei-Gasthofs Weinig in Gerolzhofen

Warme Speisen vom Schnitzel über die Fleischküchle zum Gulasch und Schweinebraten. Große Brotzeitkarte mit Rippchen, kaltem (ausgezeichnetem!) Schweinebraten und »G'rupftem«, also angemachtem Käse.

Das Pils schmeckt harmonisch und rund wie ein gut gemalztes und gehopftes Vollbier, aber unserer Meinung nach nicht wie ein Pils. Natürlich klingt »Pils« besser als »Vollbier«, das die norddeutschen Steigerwaldgäste vom Namen nach her auch gar nicht kennen (wahrscheinlich nehmen sie, wenn sie »Vollbier« hören, an, daß die anderen Biere Dünnbiere sind?), aber man sollte die Dinge doch beim Namen nennen. Also: ein gutes, harmonisch-rundes, fein gehopftes helles Vollbier (klingt doch auch gut, nicht wahr?). Daneben gibt's noch ein Märzen und eine ganze Reihe offener Weißweine aus Franken.

73

12 Von Abtswind nach Castell

Brauerei-Gasthof Wolf-Bräu, Rüdenhausen

Im Gebiet rund um Rüdenhausen hat die Flurbereinigungsbehörde mit solcher Vehemenz und landschaftszerstörerischer Gründlichkeit zugeschlagen, daß es wirklich kein Vergnügen mehr ist, hier zu wandern. In den Ackerbauzonen unter dem steilen Abfall des Steigerwaldes wurde jeder Landschaftsschutzgedanke der vermeintlichen Wirtschaftlichkeit unterworfen. So beginnt und endet unsere Wanderung zwar in Rüdenhausen, wir wollen hier das Wolf-Bräu besuchen, eine der wenigen Brauereien alten Stils, die sich in Unterfranken erhalten haben, aber wir benützen zumindest von Rüdenhausen nach Abtswind und eventuell auch von Castell nach Rüdenhausen den Bus. Es gibt täglich einen Mittagsbus von Rüdenhausen nach Abtswind und täglich außer Samstag einen Bus von Castell nach Rüdenhausen am späten Nachmittag (genaue Zeiten aus dem Kursbuch oder von der Auskunft telephonisch).
Die reizvolle Wanderung von Abtswind nach Castell bleibt immer am steilen Abfall des Steigerwaldes in Richtung Maintal. Zu Anfang und am Ende winken Burgen und Ruinen, über Abtswind Friedrichsberg, über Castell Reste der alten Burg und darunter, im Ort schon, das heute noch von den Castell-Castells bewohnte barocke Stammschloß. Und in Rüdenhausen, nicht weit von unserer Brauerei entfernt, sehen Sie das Doppelschloß der Castell-Rüdenhausen, die ehemaligen Wasserburgen liegen in einem wunderschönen Park und ein schmaler Bachlauf markiert den ehemaligen Burggraben.
Besonderer Glanzpunkt ist die evangelisch-lutherische Pfarrkirche St. Johannis in Castell. Im barocken Kirchenbau findet sich ein ganz klar gegliederter, edler klassizistischer Innenraum des ausgehenden 18. Jahrhunderts mit prächtiger Marmorkanzel aus Casteller Marmor an der Stirnseite, links und rechts die Fürstenlogen aus derselben Zeit, bescheiden-zurückhaltend ohne Wappen der gräflichen, heute fürstlichen Familie.

Die Wanderroute

Unsere Wanderung beginnt nach einer kurzen Busfahrt (4 bis 5 Minuten) in Abtswind, wo wir in Richtung Geiselwind ein kurzes Stück aus dem alten Ort hinauswandern, um dann beim Gasthof zum Steigerwald (Kesselring-Biere) nach rechts in die Weinstraße abzubiegen. Am Waldrand beginnt ein mit grüner Raute markierter Wanderweg, der hinaufführt zum barocken Jagdschlößchen Friedrichsberg auf der Kante des Steigerwaldabfalls. Hier biegt nach Süden (nach rechts) die rote Markierung Kreis mit Balken ab, der wir immer durch Wald, nach der Hälfte der Zeit die Straße Rüdenhausen-Scheinfeld überquerend, bis nach Castell folgen können, wo wir zunächst den Waldparkplatz »Schloßberg« erreichen. Wir queren die Verbindungsstraße Castell-Wüstenfelden und folgen einem Fahrweg bis zum Casteller Weinberg, wo wir auf Fahrweg nach rechts wieder in den Wald abbiegen. Nun nach hundert Metern auf schmalem Fußweg nach links in den bewaldeten Hang des Schloßberges, hier blühen in der zweiten Junihälfte Tausende Blüten des streng geschützten Türkenbunds! Der Fußweg führt nach mehreren Richtungswechseln auf die Schloßbergstraße, der wir nach links in den Ort Castell folgen.

Wer von hier zu Fuß nach Rüdenhausen möchte, sollte die Straße Castell-Rüdenhausen meiden und lieber den Umweg über Greuth benutzen. Dieses Sträßchen ist nur mäßig befahren und bleibt außerdem bis Greuth in der Nähe des Steigerwaldabfalls und der Weinberge. Wenn man von Greuth noch einmal 800 m in Richtung Abtswind geht, kann man auch links eine schnurgerade

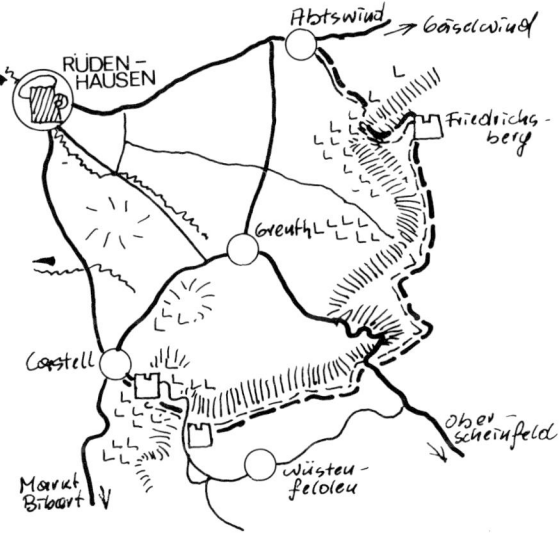

Flurbereinigungsstraße in Richtung Rüdenhausen einschlagen, die fast bis in den Ort führt. Wo sie endet, links halten und auf die Straße Greuth-Rüdenhausen.

Dauer der Wanderung 2½ bis 3 Stunden (nur Strecke Abtswind-Castell; Castell-Greuth-Rüdenhausen nochmals ca. 50 Minuten). Wanderkarte: Top. Karte 1 : 50000, Blatt L 6328 Scheinfeld oder Top. Karte 1 : 50000, Naturpark Steigerwald Nord.

Die Gaststätten mit Privatbrauerei

Wolf-Bräu, Heinrich Wolf, Rüdenhausen
Das Wolfbräu ist eine gutbürgerliche Einkehrgaststätte, nicht zu weit von der Autobahn entfernt, es gibt warmes Essen in der großen Gaststube, kalte Brotzeiten und Gästezimmer, speziell auch für Autobahnreisende, die in reizvoller Steigerwaldumgebung nächtigen wollen. Durch die Mischung von Transitverkehr, Hausgästen, Wanderern, lokaler Klientele, die mal auf ein Bier vorbeikommt, und durch den Versuch, sich allen anzupassen, wirkt unsere Gaststätte ein wenig unpersönlich. Lassen Sie sich davon nicht abschrecken, es gibt hier Hirsch- und Hasenbraten, Rouladen, Gulasch, Hähnchenschnitzel, aber auch Bratwürste (leider mit Pommes) und Schinken, Salami, Hausmacherwürste, Pressack aus eigener Schlachtung.

Der Brauerei-Gasthof Wolf in Rüdenhausen ist eine der wenigen Privatbrauereien, die im Einflußbereich von Würzburg und Schweinfurt als Familienbetrieb überlebt haben

Das Bier ist ein helles Vollbier, recht schmackhaft. Für die Bezeichnung »Pils« war es uns einerseits etwas zu malzig, andererseits etwas zu wenig hopfig. Geschmack hat's jedenfalls. Montag Ruhetag.

Casteller Weinberg

13 Auf den Schwanberg

Gasthof Goldener Löwe des Schützenhofbräu, Mainbernheim

Der westliche Abfall des Steigerwaldes ist am Schwanberg besonders eindrucksvoll. Selbst mit Franken nicht Vertraute kennen diesen Berg: wer die Bahnstrecke Nürnberg-Frankfurt fährt, sieht seine markante Gestalt, die steilen Hänge, von flurbereinigten Reblagen bedeckt, das fast ebene Plateau, den weichauslaufenden Hangfuß gegen Westen. Schon in der Steinzeit haben unsere Vorfahren die ideale Schutzfunktion dieses Berges erkannt und sich dort angesiedelt, in der Eisenzeit wurden sowohl während der Hallstatt- als auch der La Tène-Zeit Fluchtburgen errichtet, deren Wälle sich wie jene der Fliehburg des Frühmittelalters bis heute erhalten haben. Das Schloß der Castells, das sich derzeit an vorgeschobenster Stelle befindet, ist ein Nachfahr der in den Bauernkriegen zerstörten Fluchtburg.
In Mainbernheim sind Mauerring, Türme und Tore der Befestigung des 15. Jahrhunderts erhalten, verschiedentlich hat man Häuser an die Mauern gebaut, so daß man die Befestigung innerhalb der Stadt an vielen Stellen gar nicht erkennen kann. Rathaus, Kirchen, Bürgerhäuser, der Bärenbrunnen des Pestjahres 1681 wollen besucht werden. Vielleicht noch eindrucksvoller ist das für seine Weine bekannte Iphofen, das schon seit 1291 Stadtrecht hat. Insbesondere das Barockrathaus mit seiner Freitreppe und dem manchmal an Spätrenaissanceformen erinnernden Fassadenschmuck und das Haus, in dem sich heute die Sammlung Knauf befindet, verdienen Ihre Aufmerksamkeit, von der katholischen Pfarrkirche St. Veit mit ihrem hl. Johannes von Tilman Riemenschneider ganz zu schweigen.
Der Reiz der Tour liegt in ihren Kontrasten: Felder und Wiesen des Hangfußes, die steilen Rebhänge, der flache Wald des Schwanberges. Mittelalterliche Orte, dicht verbaut, uralte Kulturlandschaft und Standorte naturnaher Vegetation am obersten Steilhang des Schwanberges und in manchen Bereichen des Plateaus. Bierland in Mainbernheim, Weinland in Iphofen. Das ist nicht Gegensatz sondern Ergänzung. Der Steigerwald ist beides.

Die Wanderroute

Auf der B 8 von Neustadt an der Aisch kommend, hat man vor dem Tor zum alten Mainbernheim links den Gasthof zum Goldenen Löwen, rechts die Gebäude der Brauerei Schützenhof. Schräg rechts gegenüber der Eingangstür zum Goldenen Löwen führt ein Sträßchen aus dem Ort hinaus (links griechisches Lokal, Kauzen-Bier Ochsenfurt). Folgen Sie dem Sträßchen, die Kettenmühle bleibt rechts unterhalb im Tälchen, die Straße wird zum Fahrweg, bleibt immer oberhalb des rechts liegenden Tälchens. Bei der Gumbertsmühle verliert sich der Weg.

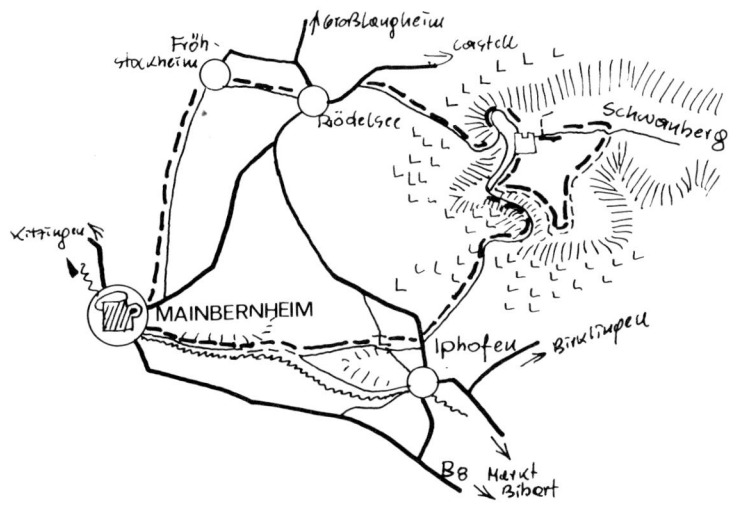

Lassen Sie die Mühle rechts unterhalb liegen, Sie finden nach der Mühle gleich wieder einen Fahrweg, der in gleicher Richtung weiterführt und nach einem einzelnen Neubauhaus zum Flurbereinigungsfahrweg wird. Sie sehen schon den Kirchturm von Iphofen und erreichen bei einem schönen alten Kruzifix unter zwei Kastanien einen querenden asphaltierten Weg, dem Sie etwa 200 m nach rechts folgen, um dann links zur Hauptstraße zu gehen. Dort nach rechts zum Ort Iphofen. Schräg links aufwärts führt der (markierte) Schwanbergweg, eine leider heute asphaltierte Weinbergerschließungsstraße, die zunächst noch durch ein Neubaugebiet, dann aber in die Rebberge führt. Bleiben Sie auf der Markierung mit grünem Dreieck, sie führt Sie über die Kante der Hochfläche des Schwanberges hinauf zum Schloß Schwanberg samt Aussichtscafé und unglaublich zahlreichen Parkplätzen. Wenn Ihnen dort zu viele Leute sind, dann gehen Sie gleich weiter: Vor der Tagungsstätte geht's rechts mit blauem Dreieck bis zur Hangkante des Schwanberges, hier im Wald, wo rechts ein Weglein (kurz markiert, später unmarkiert) abzweigt, das immer oberhalb des steilsten Abfalls bleibend wieder zurück führt bis zur

Detail vom Rathaus des Weinortes Iphofen, den wir auf unserer Wanderroute von der Brauerei in Mainbernheim auf den Schwanberg berühren

Stelle, wo sich unser Bergweg mit der Straße schnitt. Ab dort den oben beschriebenen Weg in umgekehrter Richtung zurück nach Mainbernheim.
Variante: Von der Stelle, wo sich Wanderweg und Straße schneiden, wiederum, wie beim Hinweg, bis zum Schloß Schwanberg. Dort aber diesmal nicht nach rechts, sondern mit blauem Dreieck nach halblinks und den Steilhang hinunter, später durch die Rebberge bis nach Rödelsee. Im Ort nicht nach links, wie die Straße nach Mainbernheim, sondern geradeaus zum Dorf Fröhstockheim. An Schloß und Kirche vorbei, bei der ersten Querstraße links und über die Felder in immer gleicher Richtung auf Flurerschließungswegen nach Mainbernheim.
Dauer der Wanderung: 3 ½ bis 4 Stunden, die Variante etwa gleichlang.
Wanderkarte: Top. Karte 1 : 50000, Blatt L 6326 Kitzingen.

Die Gaststätten mit Privatbrauerei

Gasthof Goldener Löwe des Schützenhofbräu, Mainbernheim
Der Goldene Löwe ist zwar nicht im Besitz des Schützenhofbräu, aber die Zusammenarbeit der beiden ist alteingesessen, man lebt schließlich in Steinwurfnähe. Der Inhaber Roland Bauer hat dem gründerzeitlichen Haus, das von außen alles andere als einladend wird, seinen spezifischen Charme eines großen Gasthofs der Jahrhundertwende gelassen, so daß dem Gast die großen Räume mit Parkettfußboden und altmodischen Öfen, unter anderem einem schönen alten Kachelofen, eine gemütliche, warme Atmosphäre vermitteln. Die Stammtischrunde ist mit Karteln beschäftigt, der Wirt kiebitzt, wenn er Zeit hat. Es gibt warmes Essen, Schnitzelküche. Die Brotzeiten sind fränkisch-üblich, Schinken, Tatarbrot, Ripple, letzteres in schmackhafter Riesenausführung. Export vom Faß, etwas malzig, nicht schlecht, Flaschenpils. Bierfranken: trotz der Nähe zu Iphofen nur drei mäßige offene Weißweine. Der Stammtisch trinkt Bier, ganz klar. Donnerstag Ruhetag.

14 Mainbummel bei Kitzingen

Kleinschroth-Bräustüberl, Brauerei Kleinschroth, Kitzingen

Obwohl die Große Kreisstadt Kitzingen weit über ihre mittelalterlichen Mauern und engen Gassen hinausgewachsen ist, hat sie doch noch immer kleinstädtischen Charakter. Wer durch die Stadt bummelt, wer unserem Weg aus der Stadt hinaus durch die Weingärten bei Reppersdorf mit der riesigen Anlage der Zentralkellerei der fränkischen Winzergenossenschaften an den Main und hinüber folgt, wer langsam am Main entlangschlendert bei Albertshofen, nachdem er sich hat übersetzen lassen, wer den Kähnen zuschaut, die gegen die Strömung unter der alten Kitzinger Mainbrücke hindurchkämpfen, der bekommt diese kleinstädtisch-freundliche Atmosphäre zu spüren. Kitzingen ist selbstverständlich auch anders, die amerikanische Garnison, die Industrie garantieren dafür, aber die Hektik hat sich noch nicht durchgesetzt.
Unsere Wanderung ist landschaftlich sehr reizvoll und abwechslungsreich, obwohl sie im engeren städtischen Einzugsbereich von Kitzingen bleibt. Wer die Rebhänge zwischen Kitzingen und Buchbrunn erreicht hat, der ist draußen auf dem Lande, die Stadt sieht er nicht mehr. Mainstockheim und Albertshofen sind noch Dörfer mit alten Fachwerkhäusern, wenn sie auch beide Neubaugebiete aufweisen können. Der Weinberg von Mainstockheim, die Überfahrt über den Main (nur bis 18.00 Uhr), der Mainuferweg sind reizvolle Details unserer Route. Zum Schluß kommen Sie noch einmal über die alte Mainbrücke, erstmals erwähnt wurde sie im 13. Jahrhundert, ihre heutige Gestalt stammt aus dem 17. und 18. Jahrhundert. Übernachten Sie in Kitzingen? Zu sehen gibt's genug, auch noch für den nächsten Tag.

Die Wanderroute

Unser Wanderweg ist durchgehend gut markiert. Vom Stadtrand bis knapp vor Buchbrunn führt die 4 (Waldameise), von knapp vor Buchbrunn bis nach Mainstockheim folgen wir der 5 (Ahornblatt) und von Albertshofen bis nach Kitzingen (Freizeitzentrum) zurück führt uns die 6 (Roter Milan). Wer lieber durch Wald geht, der nehme ab Albertshofen die 6 und 7 (Traubeneiche). Von der Brauerei Kleinschroth in der Mainstockheimer Straße (am Main ge-

legen) stadteinwärts. Als erste Straße biegt rechts der Hindenburgring Nord ab, er führt uns zur Alten Poststraße (nach der Überführung rechts), der wir nach rechts über die Bahn hinweg folgen. Nach der Bahn zuerst rechts in die Richard-Wagner-Straße, dann erste links in die Eselsbergstraße, die eine scharfe Kurve nach rechts beschreibt und in der wir danach bei der ersten Abzweigung links unsere Markierung, die 4 mit der Waldameise finden. Ab hier markiert immer oberhalb des Weinbergs bis knapp vor Buchbrunn, wo von rechts die Markierung 5 und Ahornblatt einbiegt. Wir folgen dem Ahornblatt geradeaus weiter an Buchbrunn vorbei (kurz durch die Neubausiedlung), dann nach Mainstockheim
über die Bahntrasse hin-
weg. Nehmen Sie nach der
Bahntrasse den rechten
Weg! In Mainstockheim
liegt die Fährenanlege-
stelle nach Albertshofen in
der Nähe der Ortsmitte
(Straßenschild Alberts-
hofen). In Albertshofen
vor dem Fährwirtshaus
nach rechts mit der 6 und
dem Roten Milan, nicht in
den Ort hinein! Dieser Weg
führt Sie immer am
Main entlang bis zur
Kitzinger Mainbrücke,
von der aus Sie rechts
die Brauerei Kleinschroth
in wenigen Minuten
erreichen. Sollten Sie den
Waldweg bevorzugen,
dann finden Sie den mit 6
und 7, Rotem Milan und
Traubeneiche markierten
Weg nach den ersten
Häusern von Albertshofen
rechts bei der Kirche.

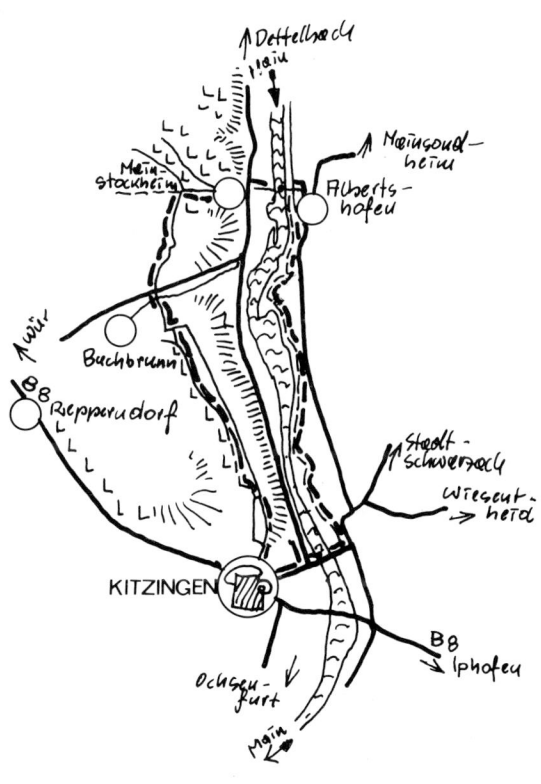

Dauer der Wanderung: 2½ Stunden. Wanderkarte: Top. Karte 1 : 50 000, Blatt L 6326 Kitzingen und Wanderkarte der Stadt Kitzingen 1 : 25 000 (DM 1,50).

Die Gaststätten mit Privatbrauerei

Privatbrauereien als Familienbetriebe mit angeschlossener Gastwirtschaft gibt es in Kitzingen nicht. Die zwei verbleibenden Betriebe der amerikanischen Garnisonstadt sind zu groß geworden, um noch Gastwirtschaften neben sich dulden zu können. Die Bürgerbräu Kitzingen ist ein Großbetrieb, aber auch die Brauerei Kleinschroth ist eine Kommanditgesellschaft. Die GmbH der Brauerei Scheuernstuhl mußte vor kurzem schließen, aufgekauft von einer noch größeren.

Der Weinberg in Mainstockheim mit Blick auf das Maintal, die Dörfer Albertshofen und Mainstockheim (Mittelgrund links und rechts) und die Stadt Kitzingen (Hintergrund Mitte)

Dennoch haben wir die Brauerei Kleinschroth aufgenommen, deren verpachtetes Bräustüberl besucht, es liegt, wie sich das gehört, direkt neben den Brauereigebäuden aus dem späten 19. Jahrhundert. Kleinschroth ist relativ deutlich auf Kitzingen beschränkt, hat sicher die älteste Tradition (fast 180 Jahre). Wie überall in Franken und Bayern sind die Biere desto durchschnittlicher und belangloser, je größer der Ort ist, in dem sie hergestellt werden (große Ausnahme: Bamberg). Doch hier stimmt dieser Merksatz nicht so ganz.

Kleinschroth-Bräustüberl, Brauerei Kleinschroth, Kitzingen

Das Bräustüberl neben der Brauerei Kleinschroth ist ein kleiner Gasthof wie viele andere auch. Es gibt die Biersorten der Brauerei Kleinschroth, ein paar (trinkbare) Weine, Brotzeiten wie Sulze oder angemachten Käs, beide gut und sehr reichlich. Der Pächter des Bräustüberls ist freundlich, gemütlich, das steckt an.

Der Hof der Brauerei Kleinschroth in Kitzingen

Vier Biere zur Auswahl. Pils und Vollbier ohne besondere Merkmale, Märzen und ein Dunkel, das sogenannte Jubiläumsbier mit einer Darstellung der Brauerei vom Ende des 19. Jahrhunderts auf dem Etikett. Probieren Sie das und vergleichen Sie es mit anderen Dunkeln. Die Brauer haben verstanden, es zu einem individuellen Bier werden zu lassen. Lassen Sie sich's schmecken! Montag Ruhetag.

15 Von Ochsenfurt nach Gnodstadt durch Bärental und Bürgerholz

Brauerei-Gasthof Düll, Gnodstadt

Obwohl jenseits des Mains die klassischen Frankenweinlagen von Frickenhausen liegen, befinden wir uns doch ganz zweifelsfrei in Bierfranken. Ochsenfurt selbst ist Bierstadt, etwas behäbig, zwei größere Brauereien haben
sich gehalten. Und die kleine Privatbrauerei in Gnodstadt ist westlich der
Steigerwaldhöhe eine der ganz wenigen, die aus ehemals reicher Bierbrauer-
tradition überlebt haben. Weinfranken ist nur ein ganz schmaler, die nach
Süden weisenden Hänge des rechten Mainufers nutzender Landstreifen
durch ein ansonsten reines Bierland. Schon im ersten mainabgelegenen Dorf,
aber sogar in den früher rein linksmainischen Orten wie Ochsenfurt, Goß-
mannsdorf, oder in Marktbreit und Marksteft (auch noch eine Brauerei) ist
der Einfluß Weinfrankens kaum noch zu spüren, auf der Karte der Dorfgast-
höfe finden Sie Bier und Schnaps und vielleicht drei weiße Durchschnittswei-
ne, davon oft nur einen Frankenwein.
Ochsenfurt ist ein alter Ort, mit drei gut erhaltenen Stadttoren, einem wunderschönen spätgotischen Rathaus mit eindrucksvoller Freitreppe, dem alten
Rathaus des Hochmittelalters mit Pranger, vielen Kirchen und Kapellen und
meist mit prachtvollen Fassaden versehenen Bürgerhäusern und Wirtshäusern — beachten Sie den schönen Ausleger des Gasthofs zum Anker von 1693
(beim Klingentor)! In der katholischen Pfarrkirche steht ein hl. Nikolaus von
Tilman Riemenschneider.
Unsere Wanderung führt aus dem Maintal duch das steile Bärental hinauf
zur eintönig flurbereinigten Agrarlandschaft der Gäuplatten. Die Gegend ist
altbesiedelt, bei Hohestadt fanden sich altsteinzeitliche Reste, sowie Gräber
der Bandkeramikkultur, Tückelhausen erbrachte Gräber der Michelsberger
Kultur, in Ochsenfurt selbst konnten Objekte der Glockenbecherkultur gefunden werden, aus der Bronze- und Eiszeit hat sich in fast allen Orten etwas
gefunden, aus römischer Kaiserzeit sind allein im Bereich des heutigen
Tückelhausen zwei Siedlungen ergraben worden! Ab dem Ende des fünften
Jahrhunderts n. Chr. finden sich fränkische Reihengräber, die uns zeigen,
daß unser Gebiet sehr früh fränkisch kolonisiert wurde.
Nur — davon sehen Sie nichts auf Ihrer Wanderung. Architektonisches ist
frühestens aus dem 14. Jahrhundert, meist aber spätmittelalterlich und spä-

ter, in Ochsenfurt leider auch wenig ästhetisches 20. Jahrhundert. Die Waldstücke im Bärental und im Bürgerholz, die kleinen Reste von Steppenheide beim Motorradübungsplatz im Bärental (das gibt's leider auch!) sind Relikte früherer Kulturlandschaft, die in den letzten Jahren durch eine übersorgfältige Flurbereinigung vereinfacht und weithin zerstört wurde.

Die Wanderroute

Verlassen Sie Ochsenfurt durch das Klingentor, dann durch die Bahnunterführung auf der B13 Richtung Uffenheim. Jenseits der Bahn führt die erste Querstraße links fast hangparallel, wir folgen ihr bis zu einem Knick scharflinks, gehen aber geradeaus weiter, der Weg geht allmählich nach rechts und führt ins's schattige Bärental, dem wir aufwärts folgen, bis wir zu einer Talgabelung kommen. Dort links weiter (trotz Verbotsschildes des örtlichen Motorradklubs!) und hinauf zur Hochfläche, wobei unser Weg allmählich zum fast schnurgeraden Flurbereinigungssträßchen wird. Er mündet in eine Querstraße, der wir nach rechts folgen, nach einem Kilometer sind wir in Gnodstadt. Die Privatbrauerei Düll liegt ziemlich am anderen Ende des Ortes.

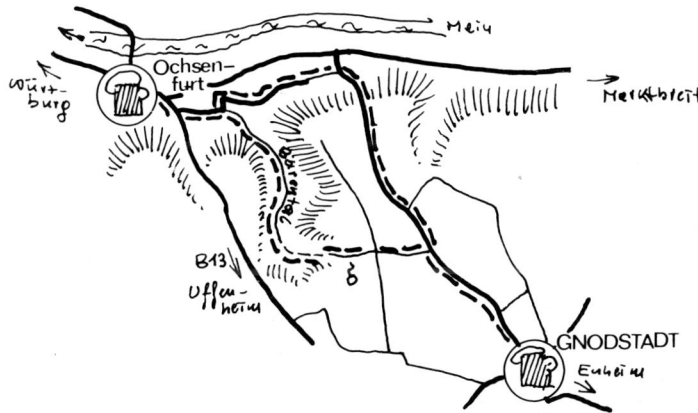

Beim Rückweg zunächst die Straße, die wir zuletzt in den Ort hineingenommen hatten zurück, aber dann nicht links sondern geradeaus. Wir erreichen bald den Wald des Bürgerholzes. Unsere Straße ist auf dem gesamten Rückweg asphaltiert, aber selbst an Sonntagnachmittagen nicht stark frequentiert. Bei der Waldhütte links der Straße im Bürgerholz finden die Waldfeste statt, bei denen die Brauerei Düll ausschenkt.

Wo die Straße am Hangfuß wieder aus dem Wald heraustritt, liegt rechts das (empfehlenswerte wenn auch nicht gerade billige) Waldhotel Polisina, wir wenden uns dort nach links und erreichen auf etwa hangparallelem Sträßchen (anfangs allgemeines Fahrverbot) unseren Ausgangspunkt zum Bärental.
Dauer der Wanderung: 2 ½ bis 3 Stunden. Wanderkarte: Top. Karte 1 : 50000, Blatt L 6326 Kitzingen.

In Ochsenfurt sind große Teile der mittelalterlichen Stadtbefestigung erhalten

Die Gaststätten mit Privatbrauerei

Brauerei-Gasthof Düll, Gnodstadt

Der Brauerei-Gasthof Düll ist nicht ganz unbekannt, an schönen Sonntagen mag es schon schwerfallen, einen Tisch für das Mittagessen zu bekommen. Aber man muß ja nicht gerade am Sonntag kommen, zumal Bier und Brotzeiten in der gemütlichen Gaststube ebenso reizvoll sind. Dennoch ist es die warme Küche, die ein besonderes Lob verdient. Was in dem stimmungsvollen

Daß es sich im Brauereigasthof Düll in Gnodstadt gut essen und trinken läßt, hat sich herumgesprochen

Gastraum mit seinen polierten Holztischen, großen und hellen Fenstern im alten Stil, also mit kleinen Glasscheiben, aufgetischt wird, schmeckt besser, ist besser zubereitet, als in vielen sich gleichen Nimbus gebenden fränkischen Gaststätten. Die Suppe mit Leberknödeln schmeckt nach selbstgemachter Rinderbrühe und selbstgeschabter Leber. Der Schweinebraten mit Kloß (halb und halb) ist überdurchschnittlich gut. Die Rinderroulade mit hausgemachten Spätzle ist genau richtig, keine dicke Soße, keine Riesenspeckstücke oder gar Brätfüllungen, einfach gewürzt. Dazu Salat ohne Dosenware, kaum zu finden sonst. Reiche Brotzeitenauswahl aus eigener Produktion, von geräucherten Leberwürsten über luftgetrocknete Bratwürste, Dosenwurst und selbstgeräucherten Schinken bis zu »Knäudeli«. Nach warmem Essen bekamen wir Birnenkuchen, Pflaumenkuchen, Krapfen.

Der Familienbetrieb (drei Töchter machen mit) ist ausgelastet. Gastwirtschaft, Brauerei (mit Zapfenwirten), eigene Wurstwarenherstellung, das bringt viel Arbeit.

Das Pils im schlanken Glaskrug ist schmackhaft, leicht hopfig, wenn auch nicht völlig überzeugend, vielleicht liegt es am Wasser, das nicht so ganz geeignet ist? Vielleicht nur an unseren Vorstellungen. Auf jeden Fall ist es ein gutes, qualitätsmäßig einwandfreies Pils. Das etwas malzig dunkle Märzen sollten Sie auch probieren. Den hellen Bock, der im Winter ausgeschenkt wird, haben wir leider nicht kosten können (sonst wären wir nicht mehr bis Ochsenfurt gekommen). Mittwoch Ruhetag.

Kirchweih am Sonntag nach Peter und Paul. Bockbierfest im Herbst. Am Himmelfahrtstag Waldfest im Bürgerholz (die exakten Orte und Daten sollten Sie telefonisch erfragen).

Gastwirtschaft Anker-Bräu, Biere der Brauerei Öchsner, Ochsenfurt
Früher war das Anker-Bräu die Gastwirtschaft der Familie Öchsner, heute ist das Bräu verpachtet, aber selbstverständlich kommen Öchsner Biere zum Ausschank. Auf den Bierdeckeln finden sich denn auch beide Namen: Öchsner Biere — Ochsenfurt, Ankerbräu.

Die Gaststätte ist ein typisches Bräu, vom Raum wie von der Karte. Die L-förmige Gaststube ist modern rustikal getäfelt, hat altmodische Fenster mit mattiertem Glas. Der Gesamteindruck ist recht positiv, die Einrichtung wirkt gemütlich. Die große Karte bietet Schnitzelgerichte, Steaks, Koteletts, und die in Bräus anscheinend obligaten Töpfe (Jägertopf, Ratsherrentopf und so ähnlich heißen sie meistens und bestehen aus mehreren Sorten Fleisch und Gemüsen) und kleinere warme Speisen wie Kümmelwurst mit Kartoffelsalat (sehr schmackhaft) oder kalte Brotzeiten. Die Bräuküche bedient sich für unseren Geschmack zu sehr fertiger Würzen und Saucen.

Das Pils ist recht gut, deutlicher ein Pils als in den meisten anderen Brauereien, die wir getestet haben. Daneben können Sie Märzen, Bock und (jawohl) ein Hefeweizen probieren!

16 Pommersfelden und das Tal der Reichen Ebrach

Brauerei-Gasthof Barnickel, Herrnsdorf

Das Tal der Reichen Ebrach war in unserem Gebiet einmal von zahlreichen Wasserburgen beherrscht. Die meisten sind verlorengegangen, zerstört während der Bauernkriege, eingeebnet durch den Pflug, durch die Flurbereinigung endgültig vernichtet. Die Luftbildauswertung hat einige der alten Stellen bestimmt, so etwa zwei direkt nebeneinander gelegene Wasserburgen bei Stolzenroth, 2 km von Pommersfelden entfernt. Beide bestanden schon im 16. Jahrhundert nicht mehr, letzte Reste wurden 1790 abgetragen. Nur noch bei Überschwemmungen kann ein Infrarotspezialfilm in der Luftaufnahme den Grundriß der beiden Wasserburgen zeigen. Andere Burgen haben sich auch an der Oberfläche gehalten: die ehemalige Wasserburg der Truchsesse von Pommersfelden, die 1710 durch Erbgang an die Grafen von Schönborn kam, ist eine davon. Es war dann ein Schönborn, der als Mainzer Kurfürst und Bamberger Fürstbischof das eben ererbte Pommersfelden ausbauen wollte, aber dann doch einen Neubau vorzog. Lothar Franz von Schönborn gewann als Baumeister der Gesamtanlage seines Sommerschlosses Weißenstein den Johann Dientzenhofer, für das Treppenhaus Johann Lukas von Hildebrandt, für den Marstall M. v. Welsch. Der 1711 bis 1718 errichtete Schloßbau gehört zu den schönsten Barockschlössern Süddeutschlands.
Unsere Wanderung führt auf bequemen Fahrwegen durch das Tal der Reichen Ebrach, von der Brauerei Barnickel in Herrnsdorf, über den Hennemann in Sambach nach Pommersfelden und auf Wald- und Wiesenwegen wieder zurück. Die barocken Kirchen und Kapellen der Dörfer, die oft prachtvollen Fachwerkarchitekturen der Bauernhäuser können natürlich mit Schloß Weißenstein nicht konkurrieren. Und dennoch erhält das Zusammenspiel von lebender bäuerlicher Tradition in noch recht unverfälschten Dörfern, das Sie beim Durchwandern der Orte und bei Bier und Brotzeit in den Wirtshäusern beobachten können, mit einer unauffällig-reizvollen Landschaft, wie sie das Tal der Reichen Ebrach darstellt, manchmal urplötzlich eine Erlebnisqualität, die sich mit dem Erlebnis des Besuches von Schloß Weißenstein mindestens messen kann, sie vielleicht an Tiefe und damit Dauer sogar übertrifft. Aber das müssen Sie für sich selbst feststellen.

Die Wanderroute

Von der Brauerei Barnickel in Herrnsdorf folgen Sie dem Sträßchen nach
Zentbechhofen über die Reiche Ebrach. Wenden Sie sich bei der ersten Querstraße nach dem Fluß nach rechts in Richtung Ellersdorf. Flußaufwärts führt

In der Brauerei Barnickel in Herrnsdorf bekommt man nicht
nur ein ausgezeichnetes Bier, sondern auch sehr gute selbstgebrannte Schnäpse

von Ellersdorf ein Fahrweg entlang dem Abfall zu den Auwiesen, der sich
nach der Einmündung in die Verbindungsstraße Wingersdorf-Schweinbach
einige Dutzend Meter weiter rechts fortsetzt. Nach etwa 1 km erreichen Sie
die Straße Sambach-Schweinbach, der Sie über den Weiler Wind in den Ort

Sambach folgen. Wenn Sie den Ort von Osten nach Westen durchquert (und unseren Brauerei-Gasthof aufgesucht) haben, führt links ein Fahrweg über die Reiche Ebrach, dem Sie etwa 500 m weit folgen, wo Sie die querende Straße nach rechts einnehmen, die Sie nach etwa 1,5 km nach Pommersfelden führt.

In Pommersfelden müssen Sie um den Ort und Schloßpark Weißenstein herumgehen, um das Schloß zu erreichen. Nach der Besichtigung machen Sie dann die Umrundung nahezu komplett, immer gegen den Uhrzeigersinn, biegen aber nach dem Friedhof östlich des Schloßparks in die dort zum Wald führende Straße Richtung Zentbechhofen ein. Nach 400 m zweigt links eine Fahrstraße ab, der Sie bis zum Waldrand folgen, wo sie endet. Rechts führt nun ein Fahrweg entlang des Waldes weiter, Schweinbach taucht vor Ihnen auf, Sie erreichen es auf einem von der Waldkante direkt hinführenden Fahrweg. Von der Kapelle des Ortes wenden Sie sich nach Norden, rechts haben Sie die deutliche Gehängekante des Katzberges. Am Ortsende führt links ein Weg durch die feuchten Wiesen weiter, der andere weist rechts in den Wald nördlich des Katzberges, nehmen Sie diesen. Geradeaus führt er Sie zum Autobahnzubringer Bamberg, geht kurz dazu parallel und schwenkt dann nörd-

Unzweifelhafter Höhepunkt dieser Tour ist der Besuch des Barockschlosses Weißenstein in Pommersfelden

lich, links ab. Wenn Sie diese Richtung des Weges beibehalten, führt er Sie zunächst etwas abwärts und dann über einen bewaldeten Rücken nach Ellersdorf, wo Sie wieder den Fahrweg nach Herrnsdorf finden.

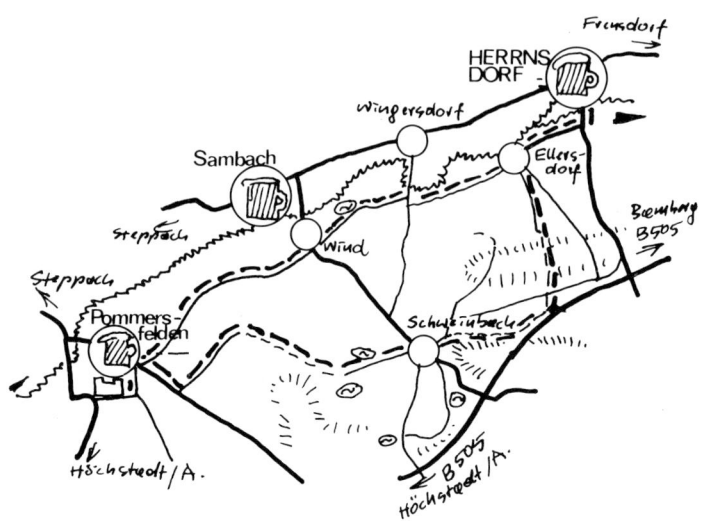

Dauer der Wanderung: 3 ½ bis 4 Stunden. Wanderkarte: Top. Karte 1 : 50000, Blatt 6330 Höchstadt an der Aisch oder Top. Karte 1 : 50000, Naturpark Steigerwald, Blatt Nord.

Die Gaststätten mit Privatbrauerei

Brauerei-Gasthof Barnickel, Herrnsdorf
In der riesigen getäfelten Gaststube steht mitten drinnen ein großer Ofen. In die Wände sind nach alter Art Kästchen eingebaut, die Gäste sitzen an wuchtigen Tischen. Kaum überflüssiger Schnickschnack, der Schmuck beschränkt sich auf die Urkunden der Braumeisterprüfung, einmal der Sebastian Barnickel 1936 in Bamberg, zum anderen wieder ein Sebastian Barnickel 1962 in Bayreuth. Die Brauerei ist seit mehr als 200 Jahren in Familienbesitz, das Braurecht, wenn auch nicht die heutige Brauerei, besteht seit mindestens 1311. Der nette Wirt ist sehr beschäftigt, die weitläufigen Gebäude von Wirtschaft, Brauerei und Nebengebäuden samt Landwirtschaft in Schuß zu halten, Mutter und Frau helfen, die Mutter bringt uns den wunderbaren hausgeräucherten Schinken, das Bier. In einem Nebenraum der Brauerei steht die

94

Brennapparatur, der Wirt ist gerade beschäftigt, einen dünnen Strahl noch unverdünnten Williams-Christ in ein Auffanggefäß zu leiten. Der noch sehr starke Schnaps duftet im ganzen Hof, schmeckt noch besser als er duftet. Um die Qualität zu optimieren, nimmt unser Wirt nur die bereits abgefallenen Birnen, sie haben dann den höchsten Zuckergehalt und das intensivste Aroma.

Das Vollbier beim Barnickel ist kupferfarben, sehr stark gehopft, stärker als bei den meisten anderen Brauereien, und ausgezeichnet im Geschmack. Demnächst soll es wieder Rauchbier geben, man kann gespannt sein. Das Bier wird in der traditionellen Bügelverschlußflasche abgefüllt, man kann sich davon einen Kasten oder ein Fäßchen (ab 12 l) mit nach Hause nehmen. Kein Ruhetag.

Kirchweih: Vom Fronleichnamstag bis zum folgenden Montag.

Brauerei-Gasthof Hennemann, Sambach

Wieder ein großer, alter Gastraum, diesmal mit Alkoven. Die üblichen langen Tische. Auf eine unaufdringliche Art angenehm, vielleicht auch, weil es so schön ruhig ist, man hört in dem hohen Raum kaum die Stimmen der Gäste vom Nebentisch. Die Wirtin macht uns ein Pfannenschnitzel, eigentlich gibt es ja nur kaltes Essen, aber sie hat noch Fleisch im Kühlschrank, und wenn wir schon Hunger auf was Warmes haben... Auch Bratwurst hätten wir haben können, aber sonst eben die üblichen Brotzeiten, hier hausgemacht. Die Familie hat die Wirtschaft mit Brauerei um 1920 erworben, sie ist jedoch wesentlich älter. Hier hat alles lange Tradition: das kleine Schlößchen gegenüber, geschmackvoll renoviert, heute in Privatbesitz, war früher Pfarrhof, vorher Schlößchen, früher ein Wasserschloß.

Das kupferfarbene Lagerbier ist nicht so stark gehopft wie beim Barnickel in Hennsdorf, etwas trüb (Heferückstände) aber weich und schmackhaft. Zur Brotzeit so gut wie zum Pfannenschnitzel oder ohne was. Vergleichen Sie es unbedingt mit dem Bier aus Herrnsdorf! Kein Ruhetag.

Kirchweih am dritten Wochenende nach Pfingsten, Freitag bis Montag.

Brauerei-Gasthof Grüner Baum, Fam. Hofmann, Pommersfelden

Große Speisekarte (Söhne sind Kellner und Koch), Kaffee und Kuchen. Die Brauerei wird wohl aufgegeben werden.

17 Rund um den Kreuzberg

Brauerei-Gasthof Friedel, Schnaid

Auf der bewaldeten Höhe des Kreuzberges, etwa 100 m über dem Tal der Aisch, steht die altehrwürdige Wallfahrtskirche des 15. Jahrhunderts. Der schlichte spätgotische Bau, Nachfolger einer noch älteren Kapelle, birgt einen prachtvoll ausgestatteten Innenraum. Unterhalb der Kirche befinden sich drei große Bierkeller, idyllische Rastplätze für von weither gekommene Pilger. Daß heute viele Menschen hierher pilgern, um das Bier und die Brotzeiten zu probieren, anstatt zur Kirche zu wallfahren, ist ein offenes Geheimnis. Selbst an sehr schönen Sonntagen werden Sie von den Hunderten, die den Kreuzberg besuchen, auf unserer Wanderung wenig bemerken. Wer macht schon eine Rundwanderung, die ihn so wie die unsere bergauf-bergab führt, durch Wäldchen, an Fischteichen vorbei, durch die — leider oft flurbereinigte — bäuerliche Kulturlandschaft? Aber Biertrinken, ohne sich anständig die Füße vertreten zu haben, mit dem Auto zum Keller zu fahren, das ist nur der halbe Genuß. Man muß sich das Bier und die Brotzeit schon verdienen!

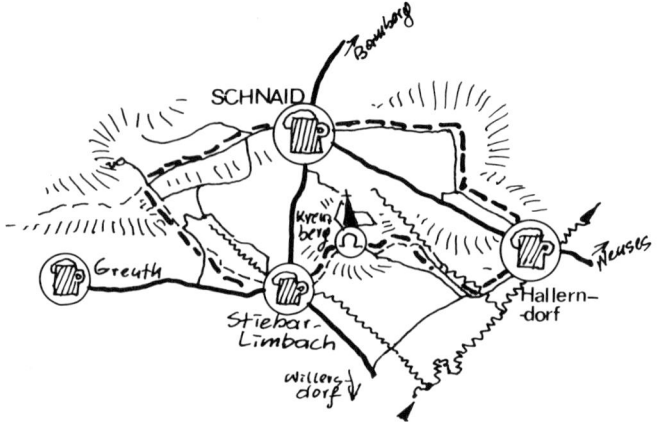

Die Wanderroute

Von der Brauerei Friedel auf der Hauptstraße in Schnaid zurück zur Kirche und dort nach rechts auf das Sträßchen zum Rittersberg. Beim Pumpwerk und Bildstock geradeaus weiter, das Sträßchen zweigt rechts ab. Immer auf dem Rücken bis unterhalb des bewaldeten Ritterberges, wo rechts ein Fahrweg zum idyllischen Melmbrunnen im Buchenwald abzweigt. Wir gehen hier nach links hangabwärts und folgen dem Rücken, auf den uns der Weg führt, in immer gleicher Richtung hinunter bis zum Dorf Stiebarlimbach. Im Ort links die Brauerei Roppelt. Nun auf die Straße nach Willersdorf, die wir beim Ortsausgang nach links verlassen, um zwischen den Fischteichen einen Weg

Die Schank in der Brauerei Friedel in Schnaid

einzuschlagen, der uns fast direkt durch den Wald hinauf zum Kreuzberg bringt. Vom Kreuzberg nach Hallerndorf können Sie mehrere Wege einschlagen, am reizvollsten ist der Weg durch den Emmertsgraben, den Sie erreichen, wenn Sie die erste Seitenstraße links einschlagen, die von der Fahrstraße hinunter nach Hallerndorf abzweigt.

In Hallerndorf gehen Sie (nach dem Besuch der Brauerei/en) zur Kirche und auf dem Fahrsträßchen, später Weg, das hinter der Kirche den Hang hinaufführt, aus dem Ort hinaus. Wenn Sie diesen Weg in gerader Linie bis zu einem kleinen Graben gefolgt sind, führt den Hang auf der gegenüberliegenden Seite ein Weg hinauf, dem Sie bis zum Rücken darüber folgen. Wenn Sie sich dort genau nach links wenden, erreichen Sie Schnaid nach nicht einmal 15 Minuten.

Dauer der Wanderung: ca. 3 Stunden. Wanderkarte: Top. Karte 1 : 50 000, Blatt L 6330, Höchstadt an der Aisch.

Die Gaststätten mit Privatbrauerei

Die bäuerliche Landschaft um den Kreuzberg ist ein Biertrinkerparadies. Zwei Brauereien in Hallerndorf, eine in Schnaid, eine in Stiebarlimbach, drei Sommerkeller am Kreuzberg! Hier hat sich in den letzten hundert Jahren wirklich wenig verändert, um 1900 gab es nicht mehr und nicht weniger Brauereien und Sommerkeller als heute! Das Bier ist hier generell stark gehopft, hat meist — nicht immer — hellen Farbton, wenig Kohlensäure und schmeckt ausgewogen-süffig. Besonderer Anziehungspunkt ist der Kreuzberg, der an schönen Wochenenden recht voll werden kann. Zum Kreuzbergfest am ersten Sonntag im Mai sind oft 5000 Menschen auf den Kellern!

Brauerei-Gasthof Friedel, Schnaid
Der große Gasthof ist zumindest von der Innenausstattung her typisch für viele fränkische Gasthöfe mit großer Sonn- und Feiertagsklientele. In den Sechzigerjahren umgebaut, eingezogene Decke, große Fenster, pseudobäuerliche Tischgruppen. An Sonntagmittagen ist alles voll, die Speisekarte entspricht fränkischem Durchschnitt, nun ja, Durchschnitt denkt sich der flüchtige Betrachter. Das Essen zeigt dann bei niedrig kalkulierten Preisen eine außergewöhnliche Qualität, die vor allem dadurch zustande kommt, daß die Friedelsche Küche nicht in dem Maß mit Fertigsoßen arbeitet, wie das nicht selten in fränkischen Gasthäusern der Fall ist. Einen Hirschbraten mit einer Soße nur aus dem eigenen Saft und saurem Rahm, wo bekommt man das schon? Sauerbraten und Jägerbraten ohne dicke Tütensoße, wo gibt's das noch? Zur Brotzeit sind Kaiserfleisch, Hausmachergänsefett, eingemachtes Fleisch, Schinkenplatte auf der Speisekarte. Es gibt auch selbstgemachte Kuchen zum Nachtisch, ein sehr seltenes Vergnügen in unserem Gebiet, also um so schätzenswerter! Der Wirt und die ganze Familie sind freundlich, der Service ist auch bei großem Andrang effizient.
Selbstgebrannte Schnäpse (Zwetschge, Birne, Obstler, Korn)! Und natürlich das Bier, das auch am Kreuzberg (aber nur sonntags) ausgeschenkt wird, zusammen mit den ausgezeichneten Brotzeiten: stärker gehopft, mit leichter Malzsüße, sehr süffig und ausgewogen. Mittwoch Ruhetag. Kirchweih am ersten Sonntag im Juli.

Brauerei-Gasthof Lieberth, Hallerndorf
Der Gasthof ist seit 1679 in Familienbesitz. Leider gibt es warmes Essen nur auf Bestellung, aber die guten Hausmacher-Brotzeiten zum Bier sind auch eine Einkehr wert. An Feiertagen zwischen September und April gibt es Karpfen, auch ohne Bestellung! Die Brauerei hat zwei große Sommerkeller, der

Keller im Ort wird bei schönem Wetter täglich bewirtschaftet, der Keller am Kreuzberg nur an Sonntagen. Dank des guten Absatzes auf dem Kreuzberg konnten in der Brauerei einige Um- und Neubauten durchgeführt werden, Gär-, Lager- und Flaschenkeller sind so auf dem neuesten Stand. Fässer gibt es ab 10l.

Das stark gehopfte Märzen hat wenig Kohlensäure und ist angenehm süffig, wenn auch etwas unauffällig, also genau richtig für einen heißen Sommersonntag, wenn man nur durstig ist und die Finessen eines wirklich außergewöhnlichen Bieres gar nicht würdigen könnte. Es gibt — wie auch bei anderen Brauern — immer wieder Geschmacks- und Charakterunterschiede beim Bier, sommers und winters schmeckt das Bier auch nicht gleich, daran muß sich der erst gewöhnen, der nur die sterilen Markenpilsbiere kennt. Montag Ruhetag. Kirchweih am dritten Sonntag im Oktober.

Brauerei-Gasthof Rittmayer, Hallerndorf
Gründerzeitlicher Bau mit neuen Fenstern, innen schöne Holzdecke. Nur Brotzeiten, diese von guter Qualität: Hartwurst, Dosengöttinger, Schinken, Pressack. Beim Bier haben wir ein für unseren Geschmack zu stark gemalztes und dadurch zu süßes, auch mit leicht unangenehmem Nachgeschmack behaftetes Kellerbier bekommen. Die fast schwarz-braune kohlensäurearme Flüssigkeit hat aber an anderen Tischen keine Einwände hervorgebracht. Probieren Sie das Bier vielleicht am Kreuzberg, vielleicht schmeckt es dort anders! Dienstag Ruhetag.

Die Sommerkeller bei der Kreuzbergkirche
Drei Keller, Friedel aus Schnaid mit neuem Fachwerkbau, Lieberth aus Hallerndorf und Rittmayer aus Hallerndorf (er ist schon am längsten auf dem Kreuzberg). Sehenswert, erlebenswert, ein wunderschöner schattiger Platz. Der Besuch aller Braustätten mitsamt den Sommerkellern auf dem Kreuzberg ist natürlich bei einer einzigen Wanderung nicht möglich. Also wiederkommen!

Brauerei-Gasthof Roppelt, Stiebarlimbach
Vollbier, Brotzeiten, sonntags warmes Essen. Dienstag Ruhetag.

Nicht weit abseits unserer Route liegt der *Brauerei-Gasthof Witzgall, Schlammersdorf:* Nur kalte Brotzeiten. Im Sommer Kellerbier auf dem eigenen Sommerkeller (außerhalb des Ortes an der Straße nach Neuses), im Winter Vollbier in der Gaststube: das ist der traditionelle Zyklus, wie er auch für den Witzgall gilt. Die sehr guten Brotzeiten sind teilweise aus Hausschlachtung. Das kupferfarbene Kellerbier ist gut gehopft und voll im Geschmack, hinterläßt im Gaumen langen Nachgeschmack. Kein Ruhetag. Kirchweih am Johannistag oder am Sonntag nach Johannis.

Auf dem Sommerkeller der Brauerei Friedel (Hallerndorfer Kreuzberg)

18 Durch den Neuhauser Wald

Brauerei-Gasthof Schmidt-Bräu, Neuhaus

Diese reizvolle, gemütliche Wanderung führt zwischen den drei Dörfern Neuhaus, Hemhofen und Röttenbach durch das abwechslungsreiche Waldgebiet des Neuhauser Waldes. Eiche, Buche, Kiefer, Lärche, Fichte, Weißtanne finden wir, im Unterholz blühen im Frühling die Buschwindenröschen, im Frühsommer Waldmeister und Bärlauch. Kleine Wasserläufe, Fischteiche, Lichtungen bieten neue Eindrücke. Besonders eindrucksvoll ist der Blick von der Höhe des Waldes hinunter auf Hemhofen und Röttenbach, das Brucker Neubaugebiet von Erlangen und im Hintergrund die Silhouette der Fränkischen Alb von der Langen Meile bis zum Hetzleser Berg.

Einige wenige Kegelbahnen werden heute wieder für enthusiastische Kegler renoviert, hier am Sommerkeller der Brauerei Wirth (Neuhaus)

Von den drei Schlössern haben sich zwei erhalten, von einem gibt es noch geringe Reste zu sehen. Das Wasserschloß Neuhaus der Herren von Crailsheim, ein wuchtiger Bau mit einigen Resten des Spätmittelalters, dominiert im Ort,

101

obwohl es am tiefsten steht, die hochgelegene Kirche mag sich dagegen nicht durchsetzen. In Hemhofen muß die Straße einen Bogen am schönen Schloß des 17. Jahrhunderts vorbeimachen, um dahinter wieder die alte Richtung einzuschlagen. In Röttenbach sind die Reste des alten Schlosses für Privatbrauereifreunde nicht weit: der Brauereigasthof steht auf den Mauern des ehemaligen Wasserschlosses, im Innenhof ist ein alter Wappenstein der Truchseß von Pommersfelden aus dem Jahre 1591 eingemauert.

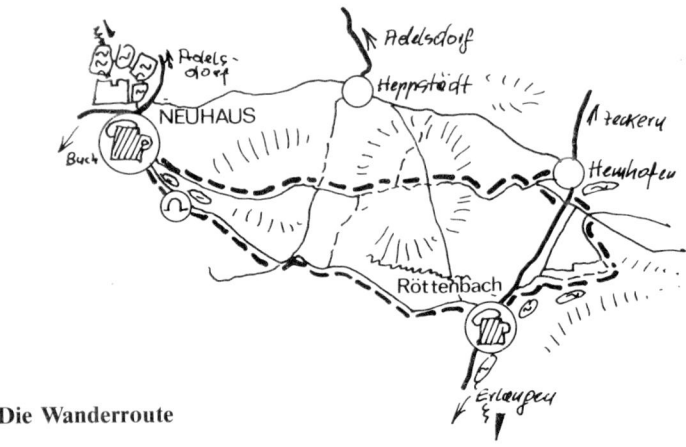

Die Wanderroute

Vom Brauerei-Gasthof Sauer in Röttenbach auf der Hauptstraße in Richtung Hemhofen bis zu einem Straßenschild »Baiersdorf«. Dort links die Schulstraße hinauf und bald auf gutem Fahrweg mit blau-weißer Markierung (Main-Donauweg) in die Felder und durch den Neuhauser Wald, zuletzt links an Weihern vorbei nach Neuhaus. Kurz bevor Sie aus dem Wald heraustreten, finden Sie links den Sommerkeller des Löwenbräu! Achtung an der Straßenteilung, unser Weg geht deutlich markiert geradeaus, während die größere Straße nach halblinks führt. In Neuhaus immer rechts halten, die Teiche jeweils rechts lassend, bis zum bald sichtbaren Schloß. Die Hauptstraße des Ortes führt genau auf das Schloß zu. Wenn Sie sich vom Schloß zur Kirche hinaufbegeben, haben Sie zur Linken zunächst den Brauereigasthof Schmitt, dann die Löwenbrauerei.
Bei der Kirche links hinunter (»Waldstraße«) zum Bach, wo wir unseren Herweg queren. Jenseit des Tälchens nehmen wir rechts den Weg, der zum Wald führt. Links ein Felsenkeller, dort auch die Markierung: gelber Waagrechtstrich. Dieser Markierung folgen wir zunächst auf dem Fahrsträßchen, später im Wald auf Wegen bis knapp vor Hemhofen. Bei der ersten Lichtung nach dem großen Wasserbehälter scharf links halten, nicht weiter auf der Fahrstra-

ße! Wenn man wieder aus dem Wald herausgefunden hat, geht's auf ein Sträßchen und in gleicher Richtung weiter bis der Blick auf Hemhofen, Röttenbach und im Hintergrund Erlangen-Bruck frei wird, dort scharf links auf einen bald asphaltierten Fahrweg hinunter nach Hemhofen.

In Hemhofen überqueren Sie unterhalb der Kirche die Verbindungsstraße Röttenbach-Hemhofen und gehen jenseits den Hang hinauf bis zur obersten Straße des Neubaugebietes (»Ringstraße«). Folgen Sie dieser leicht nach links kurvenden Straße (später heißt Sie dann »Dr. G. Dassler-Straße«) bis zu ihrem Ende und gehen Sie dort links in den Wald hinein, wo nach ein paar Metern ein Weg nach rechts führt. Folgen Sie diesem Weg bis zur ersten Wegkreuzung, biegen Sie dort im rechten Winkel nach rechts ab (grüner Waagrechtstrich) und folgen Sie dem Weg, später der Straße bis hinunter zur Hauptstraße von Röttenbach, die Sie in gleicher Richtung nach wenigen hundert Metern wieder zum Brauereigasthof Sauer bringt.

Dauer der Wanderung: 3 bis 4 Stunden. Wanderkarte: Top. Karte 1 : 50000, Blatt L 6330 Höchstadt / Aisch.

Die Gaststätten mit Privatbrauerei

Brauerei-Gasthof Schmidt, Neuhaus

Der außen wie innen zurückhaltend-unauffällige Brauerei-Gasthof liegt genau gegenüber dem Eingang zum Wasserschloß Neuhaus, an einem hübschen Platz mit ehemaligen Ziehbrunnen. Die Gaststube hat wenig intimen Charme zu bieten, das ist alles Gasthausroutine, was man zu sehen bekommt. Die Gäste kommen wegen des Essens und wegen des Bieres, das Ambiente interessiert sie weniger. Täglich gibt es warme Speisen, besonders am Wochenende viele Gäste aus dem Nürnberg-Erlanger Ballungsraum. Dank der feundlichen Bedienung ist das Haus dennoch gemütlich.

Die Küche bietet Schweinebraten, Griesnockerlsuppe, Rouladen mit »echte Mehlklöß«, Ripple und Bratwürste mit Kraut, zur geeigneten Zeit Karpfen, Spargel. Dem Naturgeschmack der Speisen wird hier, wie auch in vielen anderen Gasthäusern etwas künstlich nachgeholfen, was wirklich nicht sein muß, wie das Beispiel von Schnaid beweist. Dennoch, es schmeckt ganz allgemein, wir sind nicht unzufrieden.

Angenehmes gibt es jedenfalls vom Bier zu berichten. Das Helle vom Faß ist ein gutes Vollbier, sehr schäumig, klar und angenehm weich zu trinken. Das Dunkel ist ebenfalls ein gutes Bier, ähnelt im Geschmack den dunklen Vollbieren der Fränkischen Alb. An Flaschenbieren werden Pils und zur entsprechenden Gelegenheit Festbier angeboten. Kein Ruhetag.

Brauerei-Gasthof Löwenbräu, H. Wirth, Neuhaus

Die Gaststube mit ihrem Zinngeschirr an den Wandborden ist nicht ohne
Reiz, obwohl sie ein typisches Produkt der Sechzigerjahre ist und sich kaum
von Dutzenden anderer Gasthausstuben unterscheidet. Vielleicht liegt es an
der freundlichen Bedienung, vielleicht an der sich langsam und wortwähle-
risch unterhaltenden lokalen Klientele, vielleicht an der frequentierten Gas-
senschank, auf jeden Fall bleibt man hier gerne sitzen.

Täglich warme Küche. Man sollte sich an die fränkischen Standardgerichte
halten. Wenn es Schlachtschüssel gibt, sind andere Gerichte ohnehin nicht zu
bekommen.

Zur Ausschank kommt ein Pils, also ein recht stark gehopftes Vollbier mit
guter Schaumbildung. Zu Karpfen, Ripple, Blut- und Leberwürsten, Leberknödeln, Sauerbraten ist das sicher genau richtig. Dienstag Ruhetag.

Auf dem Schornstein der Brauerei Sauer in Röttenbach brütet wieder ein Storch

Brauerei-Gasthof Sauer, Röttenbach

Die Gaststätte der Brauerei Sauer ist an ein junges Team verpachtet. Das
Speisenangebot setzt sich aus fränkischen und griechischen Elementen zusammen, ein nicht uninterssanter Fleck auf unserer sonst treufränkischen
Speisenlandkarte. Souvlaki, griechischer Schafkäse (wie auch der griechische
aus Kuhmilch und die aus dem Allgäu), Zatziki zum Sauerschen Export und
Pils von guter Qualität, wenn auch nicht besonderer Individualität. Die Bedienung ist von unterschiedlichem Interesse am Gast. Dienstag Ruhetag.

104

19 Von Höchstadt durch den Aischgrund
nach Lonnerstadt

Gasthof-Brauerei Schorr, Lonnerstadt

Der Aischgrund, die Teichlandschaft zwischen Aisch und Aurach, produziert ein Viertel der jährlichen Karpfenernte in der Bundesrepublik Deutschland. Etwa 3 300 Teiche nehmen ein Gutteil der Nutzfläche ein, oft mitten in Nadelwäldern gelegen, oft in Weiherketten zwischen Wiesen und Feldern. Im Winter, während der Karpfenzeit, die aus alter Tradition die Monate mit »r« umfaßt, also September bis April, werden im Nürnberg-Fürth-Erlangen-Forchheim-Bamberger Raum so viele Karpfen gegessen, daß man sogar noch importieren muß! Die Landwirte unserer Gegend bewirtschaften die Teiche im Nebenerwerb, oftmals gehört ein Teich mehreren Nutzern.

Bunte Schwertlilien blühen an allen Teichen des Aischgrundes

105

Unsre Wanderung führt von Höchstadt an der Aisch, der schönen alten Stadt mit ihren zahlreichen alten Bauten, durch den nördlichen Rand des Aischgrundes nach Lonnerstadt. Auch Lonnerstadt ist ein alter Ort, die Wehrkirche des Ortes gilt als Gründung iroschottischer Mönche. Hier quert eine der alten Hochstraßen vom Main zur Regnitz die Aisch und besonders im frühen Mittelalter war die Stadt ein wichtiger Handelsort. Geblieben sind einige schöne Gebäude, fast alles jedoch aus der Zeit nach dem Dreißigjährigen Krieg, als die protestantischen, zu Nürnberg gehörigen Lonnerstädter die erbittertsten Feinde der katholischen bambergischen Höchstädter waren. Noch im 18. Jahrhundert wirkte sich dieser Gegensatz aus: 1744 bekriegten sich die beiden Städte, weil die Lonnerstädter, die nach dem julianischen Kalender rechneten, an einem Tag auf ihren Feldern arbeiteten, den die Höchstädter, die vom gregorianischen Kalender ausgingen, als Pfingsten feierten.

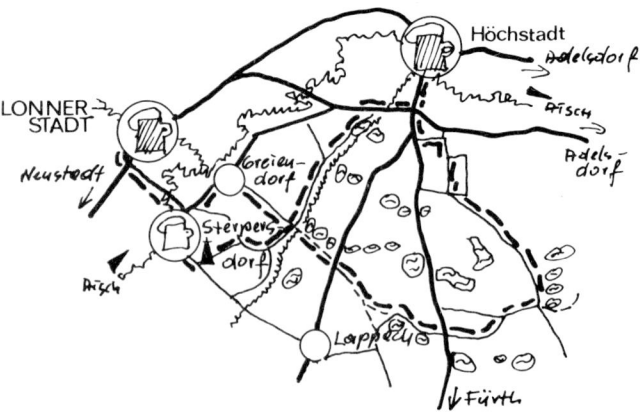

Vielleicht wollen Sie unsere Route während der Karpfenzeit wandern? Wenn die Teiche abgelassen, einige wenige, die ihr Wasser behalten durften, von dickem Eis bedeckt sind, wenn der Boden unter den Sohlen knirscht, Schnee auf den Bäumen und den Wiesen liegt, das Schilf an den Weihern regungslos in der milden Wintersonne steht, dann sind Sie vielleicht allein unterwegs in dieser ruhigen, sanften Landschaft. Sonntag mittags ist man nach einem langen Spaziergang in der Kälte rasch wieder aufgewärmt, wenn man in der gut geheizten Wirtschaft bei Karpfen blau mit Kren aus der Gegend und Selbstgebrautem sitzt. Und im Sommer? Die Weiher blitzen im Nachmittagslicht, auf den ungedüngten Wiesenrändern am Bach entdeckt man Knabenkräuter, Glockenblumen, Bocksbart, Bachnelkenwurz, Hahnenfuß, Kuckucks-Lichtnelke. Am Weiherrand blüht die leuchtendgelbe Bunte Schwertlilie,

Frösche quaken, Wasser plätschert aus einem Zufluß in den Teich. Im Wald stehen an feuchten Stellen erste Pilze, Butterpilz, Marone, Birkenpilz. Die Blaubeeren werden bald reif sein. . .

Die Wanderroute

In Höchstadt auf der Straße nach Herzogenaurach/Fürth über die Aisch-brücke. Das M/D-Zeichen des Main-Donauwanderweges weist in der »Ina-straße« nach links und führt durch ein Neubaugebiet bis an den Rand der Felder. Dort Hinweisschild mit M/D, grünem Kreis und blauem Schräg-kreuz. Wir folgen diesen drei Markierungen auf einem Sträßchen in den Kiefer- und Eichenwald bis zu einer Kreuzung. Hier zweigt der Main-Donau-Weg auf einem Waldweg links ab.

Wir folgen hier dem gelben Kreis nach rechts, bleiben auf dem Fahrsträß-chen, das die Straße Höchstadt-Fürth kreuzt und wieder in den Wald führt. Nachdem wir einige Weiher links hinter uns gelassen haben, biegt das Sträß-chen nach links, wir gehen hier schnurgeradeaus weiter auf einem nicht mar-kierten Waldfahrweg, der uns zuerst leicht nach rechts, dann links an einer Lichtung vorbei und dann wieder leicht nach links an die Straße Höchstadt-Lappach bringt. Wir queren die Straße und finden etwa 100 m weiter rechts einen Fahrweg, der jenseits in der von uns generell eingeschlagenen Richtung weiterführt. Einige Waldweiher bleiben rechts, dann sind wir aus dem Wald heraus und in einem flachen Tal, wir queren auf kleinem Steinbrückchen den Schwarzenbach und wenden uns auf dem jenseits verlaufenden, bachparalle-len geschotterten Fahrweg nach links. Dieser Weg führt uns, zuletzt asphal-tiert, zum Friedhof und einer kleinen Kapelle am Rand von Sterpersdorf, von wo aus wir das Sträßchen über die Aisch nach Lonnerstadt benützen.

Von Lonnerstadt gehen wir auf dem Sträßchen zurück bis über die Aisch, wenden uns aber noch vor Sterpersdorf nach links und wandern bis zur näch-sten Ortschaft, nach dem Weiler Greiendorf. Hier führt bei den ersten Häu-sern ein Fahrweg auf die Anhöhe und hinüber in's Schwarzenbachtal, zu je-nem Fahrweg, der uns nach Sterpersdorf gebracht hatte. Wir schlagen diesen Weg in umgekehrter Richtung ein, er führt uns, zuletzt wieder an einigen Weihern vorbei, an die Straße Höchstadt-Lonnerstadt und damit an unseren Ausgangspunkt zurück.

Dauer der Wanderung: 3 ½ bis 4 ½ Stunden. Wanderkarte: Top. Karte 1 : 50000, Blatt L 6330 Höchstadt an der Aisch oder Top. Karte 1 : 50000, Naturpark Steigerwald, Blatt Süd.

In diesem schönen alten Fachwerkbau befindet sich die Brauerei Schorr in Lonnerstadt

Die Gaststätten mit Privatbrauerei

Früher gab es in unserem Gebiet ausgedehnte Hopfenanlagen, die heute ohne Ausnahme verschwunden sind. Heute kommen weder Gerste noch Hopfen aus unserer Gegend, wohl aber immer noch der Karpfen und der Kren, den man dazu ißt. Die Brauereitradition ist alt, Höchstadt hat 1604 das Braurecht bekommen, das Kommunbrauhaus hat heute immer noch weitum Alt- und Neubrauer zu betreuen, sogar über die Regnitz hinweg in den Bereich östlich von Erlangen. Im Bereich unserer Wanderung gibt es noch vier Brauereien, im nahen Uehlfeld weitere zwei, die Tradition ist also noch lebendig. Was wäre das auch, ein Aischgründer Karpfen mit Kren und irgendeinem Industriebier? Es muß schon ein ordentliches Privatbrauereibier sein, ein traditionelles Bier, ein Vollbier wie das dunkelgoldene, das der Blaue Löwe in Höchstadt vom Faß ausschenkt, oder das helle Bier vom Hausmann in Lonnerstadt. Im Sommer locken die Keller in der Höchstädter Kellergasse mit ihren Fachwerkschankhäuschen, hier haben auch noch viele Hausbrauer ihre Keller und sie wissen, warum sie sie heute immer noch nutzen!

Gasthof-Brauerei Schorr, Lonnerstadt
Das prächtige Fachwerkhaus steht gleich unterhalb der Kirche, der eigene Braukeller führt direkt unter dem Haus in den Sandstein. Die Metzgerei nebenan gehört zum Betrieb, das läßt Angenehmes erwarten. Die Erwartungen werden nicht enttäuscht, in der niedrigen Gaststube werden große Portionen wohlschmeckender Hausmacherbrotzeiten serviert. Besonders schmackhaft die Blutwurst!
Überraschend schmeckt das dunkle Bier der Brauerei. Es ist leicht, etwas malzig, sehr klar, recht schäumig, geschmacklich zwischen einem Lagerbier und einem gespundeten Vollbier, also wahrscheinlich doch ein dunkles Lagerbier. Sie sollten das Bier unbedingt mit dem hellen Vollbier der zweiten Brauerei im Ort vergleichen! Mittwoch Ruhetag.

Brauerei Hausmann, Lonnerstadt
In der Dutzenden anderen, in den Sechzigern renovierten Gaststuben gleichenden Schank wird Ihnen gut gehopftes, helles Vollbier vorgesetzt, das sehr voll und süffig schmeckt und dessen feiner Bittergeschmack sich lange angenehm auf der Zunge hält. Dieses Bier wird ebenso wie jenes so gänzlich anders schmeckende der Brauerei Schorr mit Wasser aus dem eigenen Brunnen gebraut. Gute Brotzeiten, reichlich, sehr guter Pressack, gute Leberwurst. Kein Ruhetag.

Brauerei Blauer Löwe, Höchstadt

Ein altes Haus, eine gemütliche alte Gaststube mit Konzertflügel (!), freundliche Bedienung, hübsche Glaskrüge mit goldener Aufschrift, die Vollbier vom Faß oder Pils enthalten. Womit wir beim Kern der Sache wären: Es gibt ein ausgezeichnetes helles Vollbier, von dunkelgoldener Farbe, voll, ganz leicht süßlich-malzig, nicht sehr stark, sehr angenehm und abgerundet im Geschmack. Das Pils ist ein etwas kräftiger gehopftes Vollbier, glanzklar im Glaskrug, süffiger und malziger als sonst das Pils zu sein pflegt, aber sehr schmackhaft. Dazu können Sie sich Brotzeiten servieren lassen, keine warme Küche. Mittwoch Ruhetag.

Brauhaus Höchstadt

Helles und Dunkles, mehrere Gasthöfe in der Stadt, sowie in Sterpersdorf (siehe unten).

Brauerei Zwanzger, Uehlfeld

Angenehme Gastwirtschaft, warme Mahlzeiten auch an Wochentagen, Vollbier und Pils, zur Kirchweih und den Feiertagen Festbier. Montag Ruhetag.

Brauerei-Gasthof Prechtel, Uehlfeld

Mitten im Ort Uehlfeld gelegen hat der Gasthof Prechtel eine Mittagskundschaft, der er deftig-traditionelle fränkische Küche serviert. Man sollte sich an den allgemeinen Mittagstisch halten. Am Schlachtschüsseltag gibt's zum Beispiel Ripple, Knöchle, Schäufele, Blut- und Leberwurst, dazu Sauerkraut und ausgezeichnetes Brot. Der Karpfen im Winter ist (man möchte schon sagen: selbstverständlich) aus eigener Zucht. Zum Sonntagessen müssen sie zwischen 11.00 und 14.00 Uhr da sein, je früher desto besser.
Die Gaststube hat wenig spezifischen Charakter, ist vielen anderen ähnlich. Hübsch das Tellerbord mit der interessanten Krugsammlung. Das Haus ist seit dem 17. Jahrhundert im Familienbesitz, in unserer Gegend keine Seltenheit.
An Bier finden Sie hier ein angenehmes Export und zu entsprechenden Gelegenheiten Festbier, zum Beispiel zur Kärwa am dritten Sonntag im Oktober. Montag Ruhetag.

Weitere Gaststätten

Gasthof zur Linde, Sterpersdorf: Biere vom Brauhaus Höchstadt, Linde vor dem Haus mit Tischen und Bänken.

20 Romanik und Gotik in Münchsteinach und Gutenstetten

Brauerei-Gasthof Gebr. Windsheimer, Gutenstetten

Als die große romanische Abteikirche samt Kloster während der Bauernkriege 1525 zerstört wurde, blickte sie bereits auf eine dreihundertjährige Geschichte zurück. Als Benediktinerabtei war das Kloster wohl 1133 mit dem ausdrücklichen Auftrag gegründet worden, die Urbarmachung und Besiedlung des Umkreises voranzutreiben. Nach kurzer Blütezeit war das Kloster wirtschaftlich und geistlich heruntergekommen, obwohl seine Äbte noch durchaus Geld auszugeben verstanden: das stattliche Abtsschloß rechts hinter dem Eingang zum Klosterbezirk wurde erst nach 1519 errichtet! Die Ansbacher Markgrafen hatten sich schon lange Rechte am Kloster gesichert, mit der Reform und nach der Zerstörung hoben sie 1528 das Kloster auf, die Güter gingen in ansbachischen Besitz über, bis sie 1792 an die brandenburgisch-preußische Linie der Hohenzollern fielen, nachdem es der letzte Ansbacher vorgezogen hatte, seinen Lebensabend in England zu verbringen. Die Gebäude verfielen. Erst 1965 begann man mit der Rekonstruktion des romanischen Baues, mit einer sehr behutsamen Wiedererrichtung einzelner Mauern und mit der Aufstellung des Lettners im Südschiff. Der heutige Eindruck der Kirche vermag den romanischen Bau in großen Zügen in der Vorstellung des Betrachters wieder erstehen zu lassen, der ernste, würdevolle Bau schält sich langsam aus dem Anblick der heutigen Kirche heraus.

Zwischen Münchsteinach und Gutenstetten haben Sie Zeit und Ruhe, die Eindrücke des Münchsteinacher Baues zu verarbeiten. In Gutenstetten wartet nämlich noch einmal ein Kunstwerk auf Sie: der bedeutende spätgotische Hochaltar der evangelischen Pfarrkirche des Ortes. Gutenstetten ist sehr viel älter als Münchsteinach, war schon karolingische Missionskirche, als sich in Münchsteinach noch Fuchs und Hase Gute Nacht sagten. Aus alter Zeit hat sich nichts erhalten, die Pfarrkirche und die benachbarte Martinskapelle wurde auf abgebrochenen Vorgängerbauten erst Ende des 15. Jahrhunderts errichtet. Der Hochaltar, datiert 1511, vielleicht von Erhard Altdorfer, dem Bruder Albrecht Altdorfers, stammt aus der Wiedererrichtungsphase der Kirche. So eindrucksvoll die fünf geschnitzten Altarfiguren und das Gesprenge auch sind (sie sind von einem Nürnberger Meister geschaffen worden), sie müssen sich doch den farbenprächtigen, stark bewegten, perspektivisch kühnen Tafeln mit der Johanneslegende unterordnen. Der Altar ist ein Meisterwerk, das zu den schönsten spätgotischen Flügelaltären Frankens gehört, das an solchen nun wahrlich nicht arm ist.

Zwischen den Kunstgenüssen winken Landschaftsgenüsse, freut man sich am Waldwanderweg durch den Staatsforst Hermesbach und an einsamen Wiesenpfaden entlang der Steinach. Und in beiden Orten gibt's Privatbrauereibier! Unterschätzen Sie diese Genüsse nicht, Sie wissen schon, Essen und Trinken hält Leib und Seele zusammen!

Im Frühling und Frühsommer verwandeln häufige Hochwasser das Tal der Aisch in eine Seenlandschaft (Gutenstetten)

Die Wanderroute

Beim Eingangstor zum ehemaligen Klosterbereich in Münchsteinach führt rechts ein Sträßchen bergan. Die Markierung zeigt Ihnen die Elster, die Sie (zumindest theoretisch, denn vielfach findet man sie nicht) bis Stübach begleiten soll und den grünen Kreis mit Balken. Bei der ersten Gabelung gehen Sie rechts (Elster), bei der nächsten nach links. Bei der folgenden Abzweigung gehen Sie geradeaus, die Markierung zeigt fälschlich nach links! Nun immer auf dem Rücken entlang, zunächst noch asphaltiert, dann auf Schotterweg. Nach leichter Steigung erreichen Sie im Wald die querende Schotterstraße, jenseits ist unser Weg zwar weiterhin deutlich zu sehen, numehr aber nicht mehr befahrbar. Über das Waldplateau des Hermesbacher Forstes und hinunter nach Stübach führt uns die Markierung grüner Kreis mit Balken, die Elstermarkierung verläuft ab hier anderswo.

In Stübach wenden Sie sich auf der Hauptstraße links, die Fortsetzung der Hauptstraße führt aus dem Ort hinaus und als schmales asphaltiertes Fahrsträßchen an Ebrach und später Aisch entlang hinüber nach Gutenstetten.

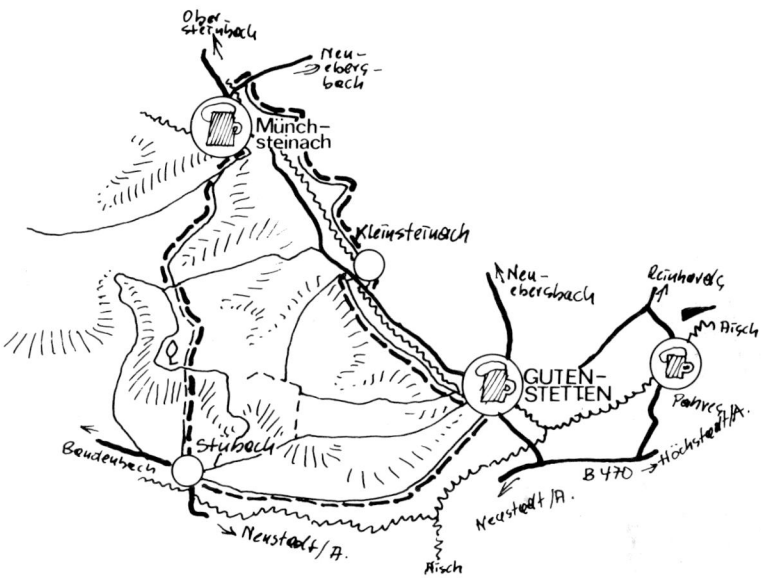

Wenn Sie in Gutenstetten die Steinach nicht überqueren, sondern sich links halten, kommen Sie am Feuerwehrhäuschen vorbei. Ein Fahrsträßchen führt hier zunächst asphaltiert, später geschottert, immer in Nähe der Steinach hinüber nach Kleinsteinach. Durchqueren Sie diesen Ort bis an sein Nordende, dort führt ein Schottersträßchen am Hangfuß weiter bis in's nächste Tälchen. Dort queren Sie schon jenseits der Talmitte und auf nicht mehr befahrbarem Weg einen von links aus dem Wald kommenden Weg, dem sie nun immer am Hang bis hinüber nach Münchsteinach folgen können.

Dauer der Wanderung: 3 bis 3 ½ Stunden. Wanderkarte: Top. Karte 1 : 50000, Blatt L 6328 Scheinfeld oder Top. Karte 1 : 50000, Naturpark Steigerwald, Blatt Süd.

Die Gaststätten mit Privatbrauerei

Brauerei-Gasthof Gebr. Windsheimer, Gutenstetten
Die stattliche Brauerei besteht seit 1767 und ist seit 1898 in Familienbesitz.
Die Wirtschaft hat eine kleine, sehr gemütliche Gaststube mit dem Dekor der
Dreißigerjahre. Die Holztäfelung ist wohl Hintergrund für die Treffen des lokalen Fußballvereins und die Bildertafel des Gesangsvereins verweist auf weitere soziale Aktivitäten im Dorf.
Es gibt kalte Brotzeiten, kein warmes Essen. Die Brauerei liefert ein ausgesprochen angenehmes Vollbier mit feinperliger Kohlensäure, das recht stark
gehopft ist. Daneben gibt es Märzen, Dunkel, Pils und Bock. Viele Hausbrauer halten die Brauerei auf Trab. Das Bier hat den Markennamen Aischgründer Bier. Montag Ruhetag. Kirchweih vom 11. bis 17. Juni, am Kirch-
weihsonntag warmes Essen.

In der Stube des Brauerei-Gasthofs Gebr. Windsheimer, Gutenstetten, hängt dieses
eindrucksvolle Dokument deutschen Vereinswesens

*Gasthof Krone, Inh. Franz Bäuerlein, Biere der Brauerei Loscher, Münch-
steinach*
Der am nördlichen Ortsende gelegene Brauereigasthof wird nicht (mehr) von
der Brauerei Loscher, die schon zu den etwas größeren im Lande gehört, betrieben. Das Haus ist renoviert, großer Gastraum, Nebenzimmer und sogar

114

eine Kellerdisco warten nebst Fremdenzimmern auf Besucher. Dennoch geht's im Schankraum ruhig zu, läßt sich's hier angenehm essen und trinken. Täglich warmes Essen, Schnitzel, Sauerbraten, Schäufele mit sehr gutem, frischem Gemüse und vor allem, so selten ist dies, daß man es erwähnen muß, mit frischen Salaten der Jahreszeit! Auch Hausmacherbrotzeiten sind zu haben.

An Bieren bietet die Brauerei Loscher ein Vollbier, Pils, Export, Bock und Weizen. Interessant ist das Pils, das ist gut gehopft und schäumig, angenehm, wenn auch vielleicht nicht ein optimales Pils, vermutlich wegen des Wassers. Gut ist das Export mit seiner auffällig geringen Kohlensäure und dunklen Farbe, recht gut und hierorts ungewöhnlich das Weizen. Montag Ruhetag. Kirchweih am letzten Sonntag im August.

21 Von Herzogenaurach nach Burgstall

Brauerei-Gasthof Heller, Herzogenaurach

Trotz »Adidas« und »Puma«, trotz erheblicher Neubautätigkeit ist Herzogenaurach ein reizvolles Fachwerkstädtchen mit vielen, oft noch spätmittelalterlichen Resten geblieben. Die beiden mächtigen Tortürme, die die Einfahrten zum schmalen Hauptplatz der Stadt bewachen, die wunderschöne Stadtpfarrkirche, die Marienkapelle sind sehenswerte Beispiele dafür. Unter den Bürgerhäusern hat sich kaum etwas aus der Zeit vor den Zerstörungen des Dreißigjährigen Krieges erhalten, es sind Häuser des 18. Jahrhunderts, aus massivem Stein im Erdgeschoß und mit einem Fachwerkobergeschoß und -dachgeschoß, die im Bild der Altstadt dominieren. Das schöne Haus unserer Brauerei Heller ist wieder fachgerecht renoviert (Hauptstraße 33), es vertritt neben den Häusern der Hauptstraße 26 und 71 (ehem. Brauerei Polster) den Typus des Traufseithauses des 18. Jahrhunderts.

Unsere Wanderung führt aus der Altstadt hinaus in die noch überraschend reizvolle Landschaft zwischen Aurachtal und Zenngrund. Trotz der Nähe zum Ballungsraum Nürnberg-Fürth, trotz der Industrialisierung in Herzogenaurach selbst, haben sich Landschaftsstücke von ländlicher Zurückgezogenheit erhalten. Der Waldweg im Tal das Schleifmühlbaches ist so ein Stück bäuerliche Kulturlandschaft. Aber gehen Sie bei Beginn des Waldweges nicht links hinauf die Asphaltstraße mit der blauen Querstrichmarkierung! Wilde Müllkippen, Waldabfallhaufen, Öltiche neben Feldern erwarten Sie. Ob die wohlhabende Stadt Herzogenaurach wohl auch hier aufräumen wird?

Die Wanderroute

Von der Hauptstraße durch's Ansbacher Tor hinaus, links Abzweigung (Schild Burgstall), aber vor der Brücke links weiter bis zu einem ausgeschilderten Fuß- und Fahrweg, der rechts abzweigt und entlang der Aurach führt. Beim Spielplatz über die Aurach, dort die Straße überqueren und jenseits wieder auf Fuß-/Fahrweg (Schild: Nederndorf-Erlangen) weiter entlang der Aurach. Nach der Unterführung unter der Straßenbrücke an der Aurach kurz in die entgegengesetzte Richtung, aber nach dem Bahnübergang wieder links weiter in Richtung Nederndorf. Nach wenigen hundert Metern rechts der Galgenhof, wir verlassen die Straße und schlagen einen Fahrweg ein, der rechts abzweigt, zunächst quer durch die Wirtschaftsgebäude des Galgenhofs, in's Tal des Schleifmühlbaches hinein (mit weißer 3 auf kleinem grünen Schild markiert). Nach Durchquerung des Tälchens steigt unsere Straße wieder an, dort rechts in den Wald (wieder die 3) und im Tal bleibend weiter bis zur Kreuzung mit Verbindungstraße Herzogenaurach-Burgstall. Jenseits in gerader Richtung weiter (mit der 3) bis zur Schleifmühle. An der Schleifmühle mit der 4 nach links bis Burgstall (im Schloßbauernhof Reste einer Burg), wo Sie den Ort zuerst nach links, dann nach rechts bis zum Ende durchqueren,

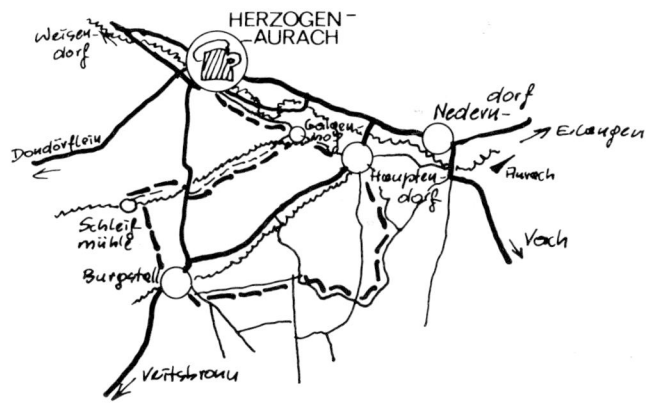

um wieder mit der 4 nach links zu biegen. Von dort weiter Markierung 4 zunächst geradeaus, dann am Waldrand und über die Felder, meist ohne größere Höhenverluste bis knapp vor Hauptendorf, wo ein Tälchen durchquert und jenseits ein Neubaugebiet erreicht wird. In Hauptendorf auf den Fuß- und Fahrweg nach Herzogenaurach (ausgeschildert).
Dauer der Wanderung: 2½ bis 3 Stunden. Wanderkarte: Top. Karte 1 : 50000, Blatt L 6332 Fürth.

Die Gaststätten mit Privatbrauerei

Brauerei-Gasthof Heller, Herzogenaurach
Das alte Haus ist seit 1874, also seit 110 Jahren im Besitz der Familie Heller. Nur die Aufschrift »Brauerei Heller« macht auf das Lokal drinnen aufmerk-

sam. Keine Reklame, keine Karte. Drinnen links dann die große Gaststube mit umlaufender Bank, mit mächtiger Balkendecke, Urkunden, Rehgeweihen, alten Photos als sparsamem Dekor (ein Foto der Brauerei Heller aus dem Jahre 1925 wurde im Stadtbuch von Herzogenaurach veröffentlicht). Man bringt sich hier seine Brotzeit mit, am Nebentisch sind's Wurstsemmeln, an einem anderen Tisch Brez'n. Obwohl's offiziell nichts gibt, reicht es dann für ein Käsebrot.

Das Fachwerkhaus der Brauerei Heller stammt aus dem 18. Jahrhundert, das Haus links daneben ist um 150 Jahre älter

Die Bedienung ist höflich und freundlich, junge Leute, im Nebenzimmer spielen Kinder. Viele Bierkasten im Hof, Helles, Pils und Märzen und ein gutes Dunkel. Das helle Vollbier, als einziges von der Schank, ist recht bitter, gut schäumig, könnte noch etwas kräftiger schmecken. Früher hatte man Sommer- und Winterbiere, das Sommerbier war ein kräftig gehopftes Lagerbier — ob das Vollbier geschmacklich einem Lagerbier ähneln soll? Ruhetag: Donnerstag und Sonntag.

118

Rangauwald bei Herzogenaurach

22 Wein in Mittelfranken — von Bad Windsheim zur Burg Hoheneck

Brauerei-Gasthof Döbler, Bad Windsheim

Die weite Windsheimer Bucht, zwischen Steigerwald und Frankenhöhe gelegen, ist warm und trocken. Der Steigerwald hält die Regenwolken ab und der Gips, der vielfach unter der Erddecke liegt, tut ein weiteres. So wundert es uns nicht, daß sich in diesem Gebiet ein Vegetationstyp erhalten hat, der ein Relikt warmer Klimaphasen der Spät- und Nacheiszeit darstellt. Viele Pflanzen dieser Steppenheide weisen nach Osten, in die großen Steppen Osteuropas und Asiens, Adonisröschen, Federgras, Tragant sind Vertreter östlicher, trockenheitsliebender Pflanzen. Die wichtigsten verbliebenen Fundorte sind heute unter Schutz gestellt. Auf unserer Wanderung werden wir nur wenige Stellen mit natürlicher Steppenheidevegetation finden, aber an den Waldrändern der das Windsheimer Becken südlich begrenzenden Frankenhöhe werden Sie den Steppenheidewald studieren können, einen meist schmalen Waldrandstreifen mit lockerer Busch- und Baumvegetation. An einigen Stellen steht im Juni der Diptam in Blüte.

Weimersheim, Ickelheim, Ipsheim und Lenkersheim sind Weinbaudörfer. Der Weinbau nimmt wieder zu, man hat sich kostspielige Umlegungen geleistet, bei der Burg Hoheneck wurde gerade jetzt (1984) der Rebhang »Sonnenberg« bereinigt, das Wasserwirtschaftsamt Ansbach scheut keine Kosten noch Mühen, den Hang so zu begradigen, daß er zwar leichter bewirtschaftbar ist, aber jede natürliche Vegetation zerstört und der Anblick des Berghanges beeinträchtigt wird. In Weimersheim hatte man schon 1968/69 bereinigt, 1970 den Jungfernwein geerntet, die Winzer sind zufrieden.

Bad Windsheim aber: alte Reichsstadt, fränkischer Königshof seit den Karolingern, Gründungsstadt des 13. Jahrhunderts, Solebad. Der Ort ist bekannt über Franken hinaus, »Frankens gemütliche Ecke'', wie das Kreisfremdenverkehrsamt bundesweit wirbt, ist touristisch auf dem aufsteigenden Ast. Die alten Sehenswürdigkeiten — Barockrathaus, Barockkirche St. Kilian, Bürgerhäuser, Kirchen und Kapellen, meist nach dem großen Stadtbrand von 1730 errichtet — haben Zuwachs bekommen, ein interessantes »Fränkisches Freilandmuseum« ist besuchenswert, das Kurzentrum im großen Kurpark, das die 1904 erbohrte Solequelle auswertet, ist modern und funktionell. Viele Gaststätten wetteifern miteinander, unsere Privatbrauerei hat zwar kein warmes Essen, aber ihr unverfälschter kleinstädtisch-kleinbürgerlicher Charme trägt, wie wir meinen, nicht wenig zum kulinarischen Charakter des Ortes bei.

Die Wanderroute

Unsere Wanderung beginnt bei der Brauerei Döbler am Kornmarkt in Bad Windsheim. Gehen Sie vor zum Marktplatz (Rathaus) und dort weiter zum Schlüsselmarkt (vom Eingang des Rathauses aus gesehen halblinks). Wo der Schlüsselmarkt in die Metzgergasse mündet, beginnt jenseits die Schäfergasse, die außerhalb des alten Walls zur Schützengasse wird. Bei der Sportgaststätte

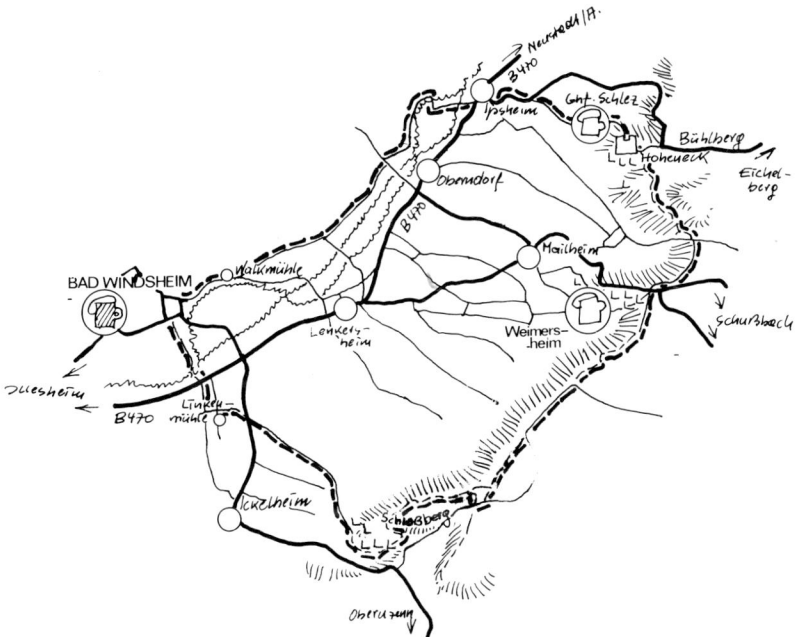

(Döbler Bier) in gleicher Richtung weiter (der Sportplatz bleibt rechts) aus dem Ort hinaus zur Walkmühle. Direkt hinter der Mühle zweigt in spitzem Winkel links ein Flurerschließungsweg ab, dem Sie nun in immer etwa gleicher Richtung bis zu einer Stelle zwischen Riedbuck (dem Hügel vor Ihnen) und dem ebenfalls schon sichtbaren Ort Oberndorf folgen. Hier wird der Fahrweg zum Sträßchen, mündet schließlich in eine querverlaufende, von

Oberndorf, das rechts bleibt, kommende Straße. Folgen Sie dieser Straße knapp 100 m nach links, schlagen Sie dann einen rechts abzweigenden Weg ein und folgen Sie ihm, bzw. einem einmündenden Sträßchen unter der Bahn durch zur Eichmühle und nach Ipsheim. In Ipsheim schlagen Sie die Straße zur Burg Hoheneck ein (Wegweiser), die Sie aber in der großen Linkskurve im Neusiedelgebiet jenseits der Bahn verlassen und zwar auf ein bald zum

Winterlandschaft bei Bad Windsheim: Blick von der Burg Hoheneck auf die Windsheimer Bucht

Feldweg verkümmerndes Sträßchen, das genau auf die gut sichtbare Burg Hoheneck zuführt. Bleiben Sie in dieser Richtung, so haben Sie knapp unterhalb der Wein- und Obstzone des Sonnenberges auf der linken Seite des Hanges das Café Schlez, von dessen Eingang ein Fußweg hinaufführt zur Burg Hoheneck.

Von der Burg Hoheneck zum Schloßberg oberhalb Ickelheim halten Sie sich einfach an die rote Doppelkreuzmarkierung, sie führt Sie meist an der Hangkante entlang, aber auch hinunter nach Weimersheim, wo sich die von uns empfohlene Winzerstube befindet. Wenn Sie nach Weimersheim wieder die Hochfläche erreicht haben, müssen Sie zwei kürzere Straßenstücke hinter sich bringen. Beim zweiten kommen Sie gegenüber dem Jagdhaus auf einen Weg, der Sie zurück zur Hangkante der Frankenhöhe bringt. Einem hier querenden Weg folgen Sie nach links, er führt Sie zunächst an der Kante entlang, dann, breiter werdend, in den waldigen Abhang des Schloßberges und um die Nase des Schloßberges herum bis in ein Tälchen, wo ein Weg Sie nach wenigen Minuten unter die Rebflächen gleichen Namens führt. Folgen Sie dem bald kanalisierten Bächlein auf Flurerschließungsweg immer in Richtung Bad Windsheim, bis Sie zur Verbindungsstraße Bad Windsheim - Ickelheim kom-

Die Braustube des Brauhauses Döbler ist eine der wenigen erhaltenen Gaststuben aus der Zeit vor der Renovierungswelle der Sechzigerjahre

men, queren Sie diese und den Linkenbach (die Linkenmühle bleibt, wie es sich gehört, links) und bleiben Sie bis zum zweiten Querweg auf einem Weg, der in dieser eingeschlagenen Richtung weiterführt, Der Querweg führt zur B 470, quert sie und führt über ein Brückchen der Alten Aisch in die Stadt Bad Windsheim zurück.
Dauer der Wanderung: 5½-6 Stunden. Wanderkarte: Top. Karte 1 : 50 000, Blatt L 6528 Neustadt an der Aisch.

Die Gaststätten mit Privatbrauerei

Brauerei-Gasthof Döbler, Bad Windsheim
Das behäbige Gebäude der Brauereigaststätte Döbler beherrscht die Schmal-
seite des Kornmarktes in Bad Windsheim. Wer die Gaststube zur Linken be-
tritt, findet sich in einem altmodisch-rustikalen Raum, dessen Täfelung und
massive Eichentische, gedämpfter Lichteinfall und dunkel-vergilbter Farbton
die vielzitierte »altfränkische Gemütlichkeit« ausstrahlen. Dabei ist die Aus-
stattung gar nicht so alt, meist sogar aus der Nachkriegszeit, sind die Bilder
an der Wand nicht etwa von 1865, sondern von 1962 (Bockbierfest — mit
Portrait der Wirtin), aber dennoch wirkt der Raum auf eine kaum beschreib-
bare Art traditionell und freundlich.
Die Biere der Brauerei Döbler, Lager, Export und Pils, sowie der Doppel-
bock, werden in einer Brauerei erzeugt, die allerdings ganz modern ist, der
Döbler ist keine kleine Brauerei, er hat einige Zapfenwirte und bestreitet einen ausgedehnten Heimdienst. Der großen Abnahme entspricht ein vielen
Geschmäckern mundendes Bier — gut, aber ohne persönliche Note. Zu Pres-
sack und rohem Schinken paßt wohl am besten das gut hopfige Export. Den
Zwetschgenschnaps sollten Sie ebenfalls zum Schinken probieren. Warmes
Essen gibt's leider nicht. Sonntag nachmittags geschlossen.

Weitere Gaststätten

Winzerstube, Weimersheim: Die Weinstube der 32 Winzer des Ortes Weimersheim schenkt die Müller-Thurgau-Weine der Ortslage »Roter Berg«
bis zum Prädikat Spätlese aus. Ab dem '83er gibt es auch wieder trockene
Weine (einen Müller Thurgau). Biere der Bürgerbräu Bad Windsheim.
Kalte und warme Speisen. Gastgarten. Dienstag Ruhetag.
Café Schlez, unterhalb der Burg Hoheneck: Ehemaliger Bauernhof, die Gast-
stube ist die alte Wohnstube, schöner gußeiserner Ofen, bäuerlich bunte
zeitgenössische Möbel, daneben altes Mobiliar. Eine stimmungsvolle Gaststätte, mit landwirtschaftlichen Nebengebäuden, Obstbäumen, Hund und
Katzen. Kaffee, Kuchen, Torten, Brotzeiten, Schnäpse, süße und salzige
Wegzehrungen.
Gasthof Goldener Schwan, Bad Windsheim: 2 Minuten vom Döbler in der
Rothenburger Straße. Biere des Bürgerbräu Bad Windsheim; Gasthof seit
1778, schönes Haus. Gute Küche, fränkisch, Steaks, Wild, gute Saucen,
sehr gute Salate!

Wanderkarten und Lektüre zu diesem Buch

Leider werden auf dem Markt eine Menge schlechter Landkarten angeboten, mit denen man wenig anfangen kann, sollte man das Pech haben, vom Weg abzukommen, oder eine Karte mit falschen Eintragungen zu erwischen. Die amtliche Topographische Karte 1 : 50000 aber und insbesondere die beiden Blätter der Sonderausgabe dieses Kartenwerkes für den Naturpark Steigerwald, muß man schon in guten Buchhandlungen suchen. Es lohnt sich aber sehr, nicht die erstbeste Karte zu nehmen, sondern die Karten der amtlichen bayerischen Landesvermessung. Wir haben unter jeder Tour die entsprechende Wanderkarte angegeben, meistens kann man zwischen einem normalen Blatt und der Sonderausgabe Naturpark Steigerwald, die auch die Markierungen enthält, wählen.

Über Kleinbrauereien in unserem Gebiet gibt es keine spezielle Literatur, sieht man von einigen wenigen wissenschaftlichen (geographischen) Arbeiten den Universitäten Erlangen, Bamberg und Bayreuth ab, die aber zu schlecht erreichbar sind, um sie hier anzuführen. Wer eine historische Ader hat, sollte sich Victor Zobels Buch von 1941, das aber den Zustand der späten Zwanzigerjahre beschreibt, nicht entgehen lassen (volles Zitat in Route 6). Zobel gibt eine ungemein persönliche, anschauliche und lebensnahe Schilderung Bamberger Bierkultur in dieser Zeit.

Als Kunstführer bieten sich die Bände der Bibliothek Deutscher Landeskunde über Oberfranken West (W. Malter), Rangau Franken (W. Malter) und Unterfranken (K. Treutwein) an. Ergänzend zum Fachwerkbau informiert Konrad Bedals »Fachwerk in Franken«, das 1980 in Hof erschienen ist. Sehr aufschlußreich im unterfränkischen Gebiet unserer Region ist ein Sammelband, der Fluchtburgen, Wallanlagen, Wüstungen beschreibt, der »Führer zu vor- und frühgeschichtlichen Denkmälern, Bd. 27: Würzburg - Karlstadt - Iphofen - Schweinfurt«, erschienen in Mainz 1977 (1953).

Als allgemeine Landeskunde ist am besten verwendbar und in vielen Bibliotheken vertreten: »Exkursionen in Franken und Oberpfalz«, herausgegeben von Hartmut Heller, erschienen Erlangen 1971.

Privatbrauereien im Bereich Steigerwald, Aisch, Ebrach, Aurach

Die vorliegende Liste umfaßt sämtliche Privatbrauereien der beschriebenen Region. Sämtliche aufgeführten Brauereien wurden aufgesucht. Wir erheben keinen Anspruch auf Vollständigkeit, haben die Liste aber mit größtmöglicher Sorgfalt zusammengestellt. Einige ehemalige Brauereien, deren Braubetrieb als »derzeit stillgelegt« bezeichnet wurde, haben wir nicht aufgenommen. Nicht alle Brauereien haben eine angeschlossene Gastwirtschaft. Die Adressen sind nach Ortschaften gegliedert, die Gemeinde steht, falls sie nicht mit der Ortschaft identisch ist, in Klammer. Die Anschriften haben wir dem Brauereiadreßbuch (12. Aufl., Nürnberg 1983) entnommen. Die Ziffer hinter den alphabetisch gegliederten Ortsnamen ist die Postleitzahl. Die durchgehende Numerierung dieser Liste entspricht den Nummern auf der vorne im Buch abgedruckten Übersichtskarte der Privatbrauereien.

1 Aisch 8551 (Adelsdorf), Brauerei Josef Rittmayer, Hauptstr. 5

2 Ampferbach 8602, Brauerei Hermann, Brückenstr. 3

3 Bad Windsheim 8532, Brauhaus Döbler, Kornmarkt 6

4 Bad Windsheim 8532, Bürgerbräu Bad Windsheim, Metzgerg. 12-18

5 Bamberg 8600, Brauerei Fässchen, Ob. Königstr. 21

6 Bamberg 8600, Brauerei Greifenklau, Laurenziplatz 20

7 Bamberg 8600, Brauerei Heller (Schlenkerla), Dominikanerstr. 6

8 Bamberg 8600, Brauerei Keesmann, Wunderburg 5

9 Bamberg 8600, Brauerei G. Maisel KG, Moosstr. 46

10 Bamberg 8600, Bürgerbräu Bamberg, Wörner OHG, Breitäckerstr. 9

11 Bamberg 8600, Klosterbräu Kaiser, Ob. Mühlbrücke 3

12 Bamberg 8600, Löwenbräu Bamberg, Ob. Stephansberg 40

13 Bamberg 8600, Brauerei Spezial, Ob. Königstr. 10

14 Bamberg 8600, Mahrs Bräu, Gebr. Michel, Wunderburg 10

15 Bischberg 8602, Brauerei zur Sonne, Regnitzstr. 2

16 Burgebrach 8602, Brauerei Schwan, Hauptstr. 16

17 Burghaslach 8602, Brauerei Finster, Marktplatz 3

18 Burgwindheim 8602, Löwenbräu, Hauptstr. 45

19 Debring 8602, Brauerei Müller, Würzburgerstr. 1

20 Elsendorf 8602 (Schlüsselfeld), Sternbräu, Haus Nr. 1

21 Eltmann 8729, Lammbräu, Marktplatz 11

126

22 Erlau 8602 (Walsdorf), Brauerei Kießling, Lange Str. 27
23 Eschenbach 8729 (Eltmann), Eschenbacher Wagnerbräu, Haus Nr. 10
24 Gerolzhofen 8723, Brauerei Weinig, Rügshofenerstr. 5
25 Gnodstadt 8713 (Marktbreit), Brauerei Düll, Pfr. Geyer-Str. 1
26 Grasmannsdorf 8602 (Burgebrach), Georg Kaiser Bräu, Haus Nr. 25
27 Greuth 8552 (Höchstadt a. d. Aisch), Brauerei Fischer
28 Gutenstetten 8531, Brauerei Gebr. Windsheimer, Hauptstr. 13
29 Hallerndorf 8551, Brauerei Lieberth, Forchheimerstr. 2
30 Hallerndorf 8551, Brauerei Franz Rittmayer, Trailsdorferstr. 4
31 Herrnsdorf 8602, Brauerei Barnickel, Haus Nr. 28
32 Herzogenaurach 8522, Brauerei H. Heller, Hauptstr. 33
33 Heuchelheim 8602 (Aschbach), Brauerei Ritter, Haus Nr. 37
34 Höchstadt a. d. Aisch 8552, Brauerei Blauer Löwe, Brückenstr. 9
35 Höchstadt a. d. Aisch 8552, Brauhaus Höchstadt, Kellerstr. 7
36 Kappel 8602 (Burgwindheim), Brauerei Ibel
37 Kitzingen 8710, Brauerei Kleinschroth, Mainstockheimerstr. 9-11
38 Kitzingen 8710, Bürgerbräu Kitzingen, Herrnstr. 11
39 Knetzgau 8729, Brauerei Russ, Westheimerstr. 8
40 Krautheim 8712 (Volkach), Brauerei Düll, Landstr. 4-8
41 Lisberg 8602, Burg-Bräu H. Bayer, Burgweg 7
42 Lonnerstadt 8531, Brauerei Hausmann, Haus Nr. 79
43 Lonnerstadt 8531, Brauerei Schorr, Marktplatz 9
44 Mainbernheim 8711, Schützenhofbräu, Schützenstr. 3
45 Marktsteft 8711, Brauerei Kesselring
46 Mönchsambach 8602, Brauerei Ditmar Zehendner u. Sohn, Haus Nr. 3
47 Mühlendorf 8602, Brauerei Rosemarie Lechner-Merklein, Brückenstr. 19
48 Münchsteinbach 8531, Brauerei Loscher KG, Steigerwaldstr. 21-23
49 Neuhaus 8551 (Adelsdorf), Schmidt-Bräu, Neuhauser Hauptstr.
50 Neuhaus 8551 (Adelsdorf), Löwenbräu Hans Wirth, Neuhauser
   Hauptstr. 3
51 Neustadt a. d. Aisch 8530, Brauhaus Neustadt Aisch, Bambergerstr. 48
52 Oberreichenbach 8521, Brauerei und Brennerei F. Geyer, Hauptstr. 18
53 Oberscheinfeld 8531, Brauerei Rückel, Marktplatz 2
54 Oberschleichach 8724, Brauerei Zenglein, Haus Nr. 13
55 Ochsenfurt 8703, Kauzenbräu GmbH., Uffenheimerstr. 17
56 Ochsenfurt 8703, Oechsner Ankerbräu KG., Klinge 2
57 Pahres 8531 (Gutenstetten), Brauerei Hofmann OHG, Braugasse 1
58 Pommersfelden 8602, Brauerei Friedrich Hofmann, Haus Nr. 13/14
59 Possenfelden 8602 (Schlüsselfeld), Brauerei Scheubel, Haus Nr. 17
60 Priesendorf 8602, Brauerei A. Schrüfer, Hauptstr. 31

61 Röbersdorf 8602, Brauerei Friedrich Weber, Ringstr. 46

62 Röttenbach 8551, Brauerei Sauer, Hauptstr. 45

63 Roßstadt am Main 8729 (Eltmann), Weiss-Rössl-Bräu, Frankenstr. 26

64 Rüdenhausen 8711, Brauerei Wolf, Brauereiplatz 7

65 Sambach 8602, Brauerei A. Hennemann, Haus Nr. 19

66 Schlammersdorf 8551 (Hallerndorf), Brauerei Witzgall, Schlammersdorferstr. 17

67 Schlüsselfeld 8602, Brauerei zum Adler, H. Amtmann, Marktplatz 6

68 Schlüsselfeld 8602, Sternbräu Gerhard Scheubel, Kirchplatz 12

69 Schnaid 8551 (Hallerndorf), Brauerei Heinrich Friedel

70 Schönbrunn 8602, Brauerei Otto Bähr, Haus Nr. 42

71 Schönbrunn 8602, Brauerei Andreas Wernsdörfer, Obere Bachgasse 76

72 Stegaurach 8602, Krug-Bräu, Mühlendorferstr. 4

73 Stiebarlimbach 8551 (Hallerndorf), Brauerei Roppelt

74 Trabelsdorf 8602 (Lisberg), Brauerei Beck, Steigerwaldstr. 8

75 Trabelsdorf 8602 (Lisberg), Schloßbrauerei Trabelsdorf, K. Dauer KG, Am Schloß 3

76 Tütschengereuth 8609 (Bischberg), Brauerei W. Zellmann, Hauptstr. 21

77 Uehlfeld 8531, Brauerei Prechtel, Hauptstr. 24

78 Uehlfeld 8531, Brauerei G. Zwanzger, Burghaslacherstr. 10

79 Uffenheim 8704, Gg. Geuder'sche Brauerei, Ringstr. 25

80 Untergreuth 8602 (Frensdorf), Brauerei M. Büttner, Haus Nr. 12

81 Unterneuses 8602, Brauerei zur Post, Haus Nr. 21

82 Unterschleichach 8729, Brauerei Neeb

83 Untersteinbach 8729, Hirschenbräu Michel

84 Weiher 8602 (Viereth), Brauerei Kundmüller, Haus Nr. 13

85 Weisbrunn 8729 (Eltmann), Brauerei Baptist Bräutigam

86 Zentbechhofen 8551, Brauerei Friedel, Höchstädterstr. 1

87 Zettmannsdorf 8602 (Schönbrunn), Brauerei Seelmann, Haus Nr. 15